智库丛书
National Think Tank Series
中国社会科学院创新工程学术出版资助项目

美国行为的根源

The Sources of American Conduct

张宇燕　高程◎著

中国社会科学出版社

图书在版编目（CIP）数据

美国行为的根源/张宇燕，高程著. —2 版. —北京：中国社会科学出版社，
2016. 3（2019. 7 重印）

（智库丛书）

ISBN 978 - 7 - 5161 - 7815 - 7

Ⅰ. ①美… Ⅱ. ①张…②高… Ⅲ. ①政治—研究—美国 Ⅳ. ①D771. 2

中国版本图书馆 CIP 数据核字（2016）第 054420 号

出 版 人	赵剑英
责任编辑	王 茵
特约编辑	刘志兵 孙 萍
责任校对	张依婧
责任印制	王 超

出 版	中国社会科学出版社
社 址	北京鼓楼西大街甲 158 号
邮 编	100720
网 址	http://www.csspw.cn
发 行 部	010 - 84083685
门 市 部	010 - 84029450
经 销	新华书店及其他书店

印刷装订	北京君升印刷有限公司
版 次	2016 年 3 月第 2 版
印 次	2019 年 7 月第 2 次印刷

开 本	710×1000 1/16
印 张	15. 5
插 页	2
字 数	152 千字
定 价	59. 00 元

总　序

　　党的十八大以来，以习近平为总书记的党中央提出了引领中华民族复兴的"四个全面"战略布局和"五大发展理念"，并指出中国经济步入新常态，推进国家治理体系和治理能力现代化成为国家建设的核心议题。加强智库建设，成为应对风云变幻的国际形势、破解改革发展稳定难题、服务党和政府科学民主决策的迫切需要。正如中共中央办公厅、国务院办公厅印发的《关于加强中国特色新型智库建设的意见》所指出的，中国特色新型智库是党和政府科学民主依法决策的重要支撑；是国家治理体系和治理能力现代化的重要内容；是国家软实力的重要组成部分。

　　2015 年是中国特色新型智库建设十分重要的一年，中国政府对智库的重视程度前所未有，社会各界对智库建设的关注度急剧上升，有关智库的研究课题日益丰富，智库正作为一支影响政府决策的重要力量迅速发展。中国社会科学出版社作为人文社会科学出版机构，积极顺应时代发展潮流，高效率、高质量地出版一批当前智库研究的最新成果，责无旁贷、大有可为。

按照研究的对象不同，智库可分为基础研究和应用对策研究。二者互相影响，不可偏废。基础研究是应用对策研究的理论基础，没有深厚的、科学的理论根基，智库学者不可能提出令人信服的对策，这样的对策也经不起理论的深究和实践的考验；而与实践脱钩的理论研究，缺乏现实观照的理论研究，也必然丧失其研究的现实意义。

科学的决策终究离不开理论的支撑和积淀。中国社会科学出版社推出的"智库丛书"，即着眼于对全面建成小康社会以及实现中华民族伟大复兴"两个百年"目标中的基础性、理论性、战略性问题的研究，包括对政治、经济、军事、社会、文化、国际、外交等重大问题的研究，属于智库的基础研究部分，但其又迥异于单纯的学术研究，更不是教科书式的研究。

"智库丛书"本着基础性、理论性、战略性、前瞻性、储备性的基本定位，以中国社会科学院这一高端智库为依托，发挥其学科齐全、专家云集的优势，并与国内外其他一些著名智库建立联系，围绕中央决策急需的重大课题，瞄准国家重大战略需求，汇集当前智库研究的最新基础成果。智库研究的问题，既有当前急需解决的问题，也可能是将来的重大问题。智库研究不能盲目跟风，一定要对世界和中国的问题有着理性的分析和判断，要以开放的视野对某一问题进行跨学科、多维度的研究。当然，这也对智库研究者提出了很高的要求，既要有扎实深厚的学术功底，又要有对现实的观照。

相信这些智库成果的出版对智库影响力的提升将起到重要的作用。我们也期待通过该丛书的出版，将智库的理论成果公之于众，成为智库与公众之间的沟通平台。

"智者不惑。"建设中国特色新型智库的号角已经吹响，一个崭新的智库时代正在召唤着我们前行。让我们以智库研究为契机，与各界有识之士，同心协力，为民族复兴的中国梦共同努力。

《智库丛书》编委会

2015 年 12 月

目　　录

一

引　言

　　六十多年前，美国国务院官员乔治·凯南在《外交》季刊上发表了其经典文章——《苏联行为的根源》。在凯南看来，分析美国当时的头号劲敌苏联之行为逻辑，应当成为美国制定对外政策的首要任务之一。可以说他抓住了那个时代美国在全球面临的"主要矛盾"，明确且令人信服地——尽管存在争议——阐述了美国国家安全的威胁所在和化解与制胜之道。凯南断言，1940年代的美国面对着这样一股政治力量：它狂热地坚信，它和美国之间不可能有永久性的妥协办法；如果苏维埃政权要得以巩固，那么最大程度地削弱美国统治集团在国内和国际社会的力量不仅可取而且必要。如何对付苏联这一强大的政治力量，业已成为美国外交所面临的最重要之问题和最艰巨之任务。通过对苏联意识形态、社会制度、经济效率和对外政策的分析，凯南充满自信地认为：美国有能力解决这一问题，而且不必通过一场全面的军事冲突来解决这一问题；而解决问题的主要途径，便是和其名字紧密联系在一起的对苏"遏制"政策。①

　　凯南写作此文时正值第二次世界大战刚刚结束，美国成为拥有全球一半以上工业产能的世界超级大国。凯南乃至美国整个决策层，关心的是谁会成为美国霸主地位的挑战者以及如何应对挑战。六十多年后的今天，经过了三分之一世纪的改革开放，中国的综合实力获得了巨大提升，中国与外部世界的关联日趋紧密。尽管中国在世界中所处的位置和所面临的问题和当年的美国不同，

---

　　① George Kennan, 1947, "The Sources of Soviet Conduct", *Foreign Affairs*, Vol. 25, No. 4, pp. 566 - 582. 为了证明这种信念是可靠的，凯南给出几点重要的判断：第一，在任何地方遇到强大的阻力时，苏联都可以轻易地退却；第二，苏联的成功与否将在很大程度上取决于西方世界所能达到的团结、坚定和强盛的程度；第三，苏联体制作为一种政权形式，它能否成功，还没有得到最后的证明；第四，在苏联安全范围以外的所有关于苏联的宣传，基本上都是负面的和破坏性的。凯南根据以上判断提出的遏制政策，可以简单地归纳为：研究对手—宣传—本国成功—对盟国的拉拢与指导—坚持信念和价值。具体来说，第一步是理解和认识美国正在应付的运动之性质；第二步是必须努力教育美国群众去了解苏联的真相；第三步是保障和增强美国社会自身的健康与活力；第四步是美国必须为其他国家规划并提出更为积极、更具有建设性，同时也是美国希望看到的那样一种世界的图景。

中美两国之间关系的性质也迥异于彼时的美苏关系。[①] 然而至少在一点上今天的我们和当年的凯南处境有类似之处，那就是必须聚焦中国在当今和未来相当长的一段时期内的国际主要博弈者，探究其行为根源及逻辑，并以此作为中国在全球大棋局中进行博弈的战略依据。

在当今世界，对于美国以外的其他所有国家来说，美国无疑是头等重要的国家，美国强大的实力对其他国家而言拥有压倒性的优势。衡量一国综合实力之大小，一般而言有八项指标，即：经济规模，货币与金融，科学技术，人口、国土与资源，国际规则主导能力，军事防卫与打击力量，与主要合作者或竞争对手的关系，软实力。据此进行测度，美国无疑是当今世界唯一的超级大国。[②] 本书亦将

[①] 鉴于本书的关注点在于分析美国行为之根源，故除了在结束部分简略提及一下，我们不打算对中美和美苏或美俄关系进行深入讨论。对后两个题目加以讨论的文献卷帙浩繁。对此议题感兴趣的读者，还可以参阅埃兹拉·沃格尔（傅高义）主编的《与中国共处：21 世纪的美中关系》（田斌译，新华出版社 1998 年版）以及理查德·克罗卡特全面论述冷战的《50 年战争》（王振西主译，新华出版社 2003 年版）等著作。

[②] 其中经济规模实力主要包括 GDP 总量及人均 GDP 水平，产业结构分布，公司治理与政府管制，贸易总量和性质；货币与金融实力主要包括作为世界货币的影响范围和强度，凭借主导货币地位获得"铸币税"的能力，银行体系和金融市场的稳定性、有效性及规模；科学技术实力主要包括科技硬件存量，大学教育状况，研发体制，专利保有量；人口、国土与资源实力包括人口的数量、质量及年龄与种族结构，自然禀赋，地理位置，气候等；国际规则主导能力主要是指，通过制定和实施全球区域制度以最

此作为分析前提。尽管不是一成不变，但美国曾经、眼下和今后一段时期内仍将拥有超级大国地位这一事实，一方面决定了国际问题无论大小几乎都与美国有直接间接的关系；另一方面，也是美国制定对外政策的前提和实现政策目标的保障。更有甚者，竟然有人将国际关系理论干脆称作一门"美国式的社会科学"①。虽不无夸张，但其基本倾向我们大致是赞同的，因为无论是理解当今国际关系或预测明日世界格局走向，还是评估中国今天所处的国际环境并把握其未

———————

大化自身力量，同时遏制竞争对手的能力；军事防卫与打击力量主要包括军费开支，军事人员素质，武器质量与数量，军工综合体效率，海外驻军与基地等；与主要合作者或竞争对手的关系，主要指与对方在静态与动态实力方面的对比，其间利益交叉的程度，对方对于己方价值理念的认同程度，特别是己方"盟友"的支持；软实力分两部分，内在软实力主要包括统治的合法性和财产的安全性，外在软实力系指该国在国际上靠说服、示范、道义而非强制的力量实现自身目标的能力。按照巴尼特的总结，以美国为首的西方世界如今已经掌握了如下的物质力量：(1) 拥有并操纵着国际金融系统；(2) 掌控了几乎所有的硬通货；(3) 是世界商品的主要消费者；(4) 提供了世界上绝大部分的制成品；(5) 主导着国际资本市场；(6) 具有进行大规模军事干预的能力；(7) 控制着海洋航线；(8) 从事着几乎所有先进技术的研究和开发；(9) 控制着尖端技术的教育；(10) 控制着最新的宇宙航天技术；(11) 控制着航空工业；(12) 控制着国际通信系统；(13) 控制着高科技武器工业。Jeffery R. Barnett, 1994, "Exclusion as National Security Policy," *Parameters*, Vol. 24, p. 54.

① Stanley Hoffmann, 1977, "An American Social Science: International Relations", *Daedalus*, Vol. 106, No. 3, pp. 41–66.

来趋势，均应以对美国行为方式的深入讨论为基本出发点，均应对美国行为的根源有所了解。

同凯南探讨苏联行为时所持的理念一样，我们认为美国这样的国家之行为是有规律可循的。如此说主要是基于这样一种信念：作为可以被"人格化"的国家，① 总体而言它的行为是基于理性计算的选择，因而是可描述的、可理解的和可预期的。更进一步讲，我们的上述信念根植于以下四个基本判断或倾向。

其一，历史是起作用的。这句话的另一种表述是：未来发生的事件无法独立于过去。过去影响未来这句话至少有两层含义。它一方面是指特定人群的某些特征在时间的坐标中具有较高的稳定性或传承性，另一方面是说群体观念或行为特征的变化方向与节奏深受"路径依赖"的左右。说到稳定性或传承性，恐怕要首推那些被某一特定群

---

① 把国家人格化的做法，至少在《奥本海国际法》中就有体现。该书第二章第一节的标题就为"主权国家是国际人格者"，其进一步的解释为："国际人格者在国际法上具有法律人格，是指它是国际法的主体，从而它本身享有国际法上所确定的权利、义务或权力，而且，一般地说，享有在国际上直接或通过另外一个国家（如在被保护国的情形）间接行为的能力。""主权独立国家是主要的（虽然不是唯一的）国际人格者。"参见詹宁斯和瓦茨修订《奥本海国际法》，王铁崖等译，中国大百科全书出版社1995年版。

体普遍接受的价值理念或文化传统，或简单称之为意识
形态，亦即一种有内在联系的、通观世界的看法，以及
与之密切相关的思维方式和行为习惯。群体的偏好及选
择往往深受其影响。至于"路径依赖"，它强调的是，
在历史演化过程中，由于一系列偶然事件的干扰，同时
某些事件之影响可能会被放大，其演化会有多种可能的
结果或均衡状态，并将长期影响人类行为与资源配置过
程。[①] 以"历史是起作用的"为起点，也意味着我们立
足于长期分析，意味着我们对费尔南·布罗代尔的"长

　　[①] "路径依赖"概念最初由布莱恩·阿瑟和保罗·戴维提出，诺斯随
后将其创造性地应用于制度变迁理论之中。此概念的提出，意在让历史事
件在解释结果过程中扮演相应角色，同时拒斥"历史乃必然性之载体"的
宿命论。有关经济史中路径依赖的重要性问题，参见 Paul A. David，1985，
"Clio and the Economics of QWERTY"，*The American Economic Review*，
Vol. 75，No. 2，Papers and Proceedings 332 – 337（May）；1997，"Path De-
pendence and the Quest for Historical Economics：One More Chorus of the Ballad
of QWERTY"，*Discussion Papers in Economics and Social History*，http：//
www. nuff. ox. ac. uk/economics/history/paper20/david3. pdf；Brian W. Arthur，
1989，"Competing Technologies and Lock – in by Historical Small Events"，*Eco-
nomic Journal* 99，March，pp. 116 – 131。有关制度的路径依赖，见道格拉
斯·诺斯和巴里·R. 温格斯特《宪法与承诺：17 世纪英格兰治理公共选择
制度的演进》，载李·J. 阿尔斯通、斯拉恩·埃格特森等编《制度变革的经
验研究》，罗仲伟译，经济科学出版社 2003 年版。

时段"①、对黄仁宇的"大历史观"②的认可。这让我们想起沃尔特·李普曼的一句话:"只要在向前看的同时记得往后回顾一下,我们便能够很好地区分表层现象和真

---

① 费尔南·布罗代尔将历史划分为长时段、中时段和短时段,并以此作为解释工具来明确各种物质与非物质因素对于历史发展的不同作用。与三个时段相对应的三个概念分别为"结构""局势"和"事件"。所谓"结构"是指长期不变或变化十分缓慢的,但往往对历史起深刻作用的一些因素,如地理、气候、生态环境、社会组织和思想传统等。在"结构"这一时间维度里,历史几乎是宿命的。所谓"局势"是指在几十年甚至一二百年内形成周期和节奏的、一些对历史起重要作用的现象,如人口、物价、产出、工资等因素的变化。所谓"事件"是指一些突发事变,如革命、条约、地震等,布罗代尔认为这些"事件"如同闪光的尘埃般转瞬即逝,对整个历史进程只起微小的作用。见费尔南·布罗代尔《长时段:历史和社会学》,载《资本主义论丛》,顾良、张慧君译,中央编译出版社1997年版,第173—204页。

② 黄仁宇认为,只有广泛地利用归纳法将现有的史料高度压缩,形成一个思考中国历史的简明而前后连贯的纲领,并使之同欧洲史和美国史具有互相比较的幅度与层次,才谈得上对中国历史的进一步研究。他试图将"宏观历史"及"放宽历史视野"的方法引入中国历史研究中去,形成所谓"大历史"观念。黄仁宇的"大历史观"大致有如下几层含义:其一,通过观察小事件总结历史大规律;其二,从长期的社会、经济结构出发,观察历史的脉动;其三,在中国与西方世界的横向比较中,突出中国历史的特殊性问题;其四,注重分析历史人物与时势的交互作用、价值理念和制度之间的差距、行政管理技术同经济组织的冲突,以及社会上层结构与下层结构的分合状况。参见黄仁宇《放宽历史的视界》,生活·读书·新知三联书店2001年版;《中国大历史》,生活·读书·新知三联书店1997年版,中文版自序"为什么称为'中国大历史'?"。

实状况、暂时的原因同永久的因素、插曲与意义深远的重大事件之间的差别。"①

其二，一国内部利益集团或阶级之间的博弈塑造了国家行为。在国际关系中，国家行为通过其对外政策得以展现，而政策又都是由人来制定和实施的。故国家行为的基础，在于那些由寻求精神价值实现和物质利益最大化的理性个人集结而成的集体行动；对国家行为最便捷和最有效的理解途径，来自对一国内部各集团或各阶级之间博弈过程的剖析。尽管我们不排斥方法论个人主义，但从方法论的角度看，我们遵从的主要是方法论集体主义，其中既包括托克维尔和马克思的阶级分析②，也包括与方法论个人主义密切相关的奥尔森的集体行动或

---

① Walter Lippmann, 1943, *U. S. Foreign Policy：Shield of the Republic*, Boston：Little Brown, p. 183.

② 关于马克思主义的阶级分析方法，恩格斯在《卡尔·马克思》一文中写道："在全部纷繁和复杂的政治斗争中，问题的中心始终是社会阶级的社会和政治的统治……旧的阶级要保持统治，新兴的阶级要争得统治。"《马克思恩格斯全集》第 19 卷，中共中央马克思、恩格斯、列宁、斯大林著作编译局编译，人民出版社 1963 年版，第 121—122 页。关于方法论的集体主义，可参见张宇燕《经济发展与制度选择》第二章，中国人民大学出版社 1992 年版。

利益集团分析①，并将重点置于阶级或集团间博弈对国家行为的影响之上。方法论集体主义的一个推论是，恰如戴维·兰德斯所指出的"宏大的过程需要有宏大的原因"②，在分析时我们需要舍弃掉那些无关宏旨的细枝末节而抓住超越个体差异的一般特性。对此，亚历克西·托克维尔还讲过一句颇为经典的话："无疑，人们会拿单个人的例子来反驳我；可我谈的是阶级，唯有阶级才应占据历史。"③ 作为一种信念，我们认为，在那些永无休止的学术辩论、纷繁复杂的朋党纷争和貌似矛盾的民族性格背后，应该存在着某种一致的、持久的及相互协调的美国行为逻辑。

其三，外交服从于内政。虽然在汉斯·摩根索、肯尼思·华尔兹、约翰·米尔斯海默等学者的眼中，国家

---

① 参见曼瑟·奥尔森《集体行动的逻辑》，陈郁等译，上海三联书店1995年版。

② 参见 David Landes, 1994, "What Room for Accident in History? Explaining Big Change by Small Events," *The Economic History Review*, Vol. 47, No. 4。

③ 亚历克西·托克维尔：《旧制度与大革命》，冯棠译，商务印书馆1992年版，第158页。托克维尔是为数不多的非马克思主义者中信奉方法论集体主义的重要学者。

的对外行为与其内部属性关系甚微，^① 但更多学者或政策专家还是倾向于认为，一国对自身利益的界定及由此产生的对外行为，是其国内价值观念和社会属性的延伸，至少对霸权国家或大国而言是如此。凯南坚信，理解苏联行为的关键在于分析其国内根源，因为莫斯科当局对于西方世界的态度和所做之决策，正是根植于苏联社会内部的深层力量和价值观。^② 塞缪尔·亨廷顿亦指出："国家利益来自国家特性。要知道我们的利益是什么，就得首先知道我们是什么人。……对外政策上的争论，其根源就在于我们在国内是什么人这一方面有争论。"^③ 迈克尔·亨特同样坚持，只有从"尽可能长远的角度去研究外交决策精英产生于其中的人群的价值观与世界观"，才能寻求到美国对外行为"相应的持久性与连续性"。^④ 普特南提出的"双层博弈逻辑"也旨在说明，尽管内政

---

① 参见汉斯·摩根索《国家间政治》，徐昕等译，中国人民公安大学出版社 1990 年版；肯尼思·华尔兹《国际政治理论》，信强译，上海人民出版社 2003 年版；约翰·米尔斯海默《大国政治的悲剧》，王义桅和唐小松译，上海人民出版社 2003 年版。

② Kennan, 1947.

③ 塞缪尔·亨廷顿：《我们是谁：美国国家特性面临的挑战》，程克雄译，新华出版社 2005 年版，第 9—10 页。

④ 迈克尔·亨特：《意识形态与美国外交政策》，褚律元译，世界知识出版社 1999 年版，第 16 页。

与外交之间互动，但执政者必须通过与不同的利益集团结盟使自己的合法性最大化。① 在此，我们接受康马杰提出的研究思路，即"存在着一种独特的美国思想、性格和行为方式"②，并且认为，这些内部根源决定了美国的对外行为。

其四，制度是实现国家目标的基本手段。在此，我们秉承制度经济学的基本理论倾向和分析方法。在道格拉斯·诺斯看来，制度经济学是要回答"决定经济绩效和知识技术增长率"之关键因素这一基本问题，并找到了答案，即"人类发展的各种合作和竞争的形式及实施将人类活动组织起来的那些制度"。③ 同时，我们与制度经济学家也不尽相同。主流制度经济学家的关注点，在于揭示那些隐藏在个别国家之间经济绩效差异背后的制度原因。而我们关注的焦点则在于把制度经济学理论扩

---

① Robert D. Putnam，1988，"Diplomacy and Domestic Politics：The Logic of Two－Level Games"，*International Organization*，Vol. 42，No. 4，pp. 427－460.

② 康马杰：《美国精神》，杨静予等译，光明日报出版社1988年版，前言第1页。

③ 道格拉斯·诺斯：《经济史上的结构与变革》，厉以平译，商务印书馆1992年版，第18页。他补充说，说明这些制度的关键，在于理解所有权结构、国家理论以及意识形态。

展到对国家关系和国际体系的分析之中。这样一来，制度经济学中的所有权结构和国家理论的重要性便相对降低，而侧重于保护哪个或哪些国家的价值观、权力、利益的制度结构的重要性便相对上升。这里，对不同群体、国家或经济体意味着不同结果的制度，被我们称为"非中性制度"。[①] 在国际舞台上，一国尤其是大国的实力和利益，其获得、保护和扩大，在相当意义上取决于非中性制度的歧视性程度高低、适用范围大小和执行力度强弱。在一个全球政府缺位、全球公共产品主要由超级大国及其同盟者提供的世界里，任何一个拥有霸主地位的国家或国家集团，都势必会运用非中性制度来成就其国家目标。国家间的竞争，亦集中体现在对规则制定权的争夺上。

将上述四项基本判断运用于对美国行为之根源的分析中，我们发现，就整体而言，美国是一个宗教信仰强烈且宗教信众遍布的国家。这一方面表明了美国拥有一

---

① 张宇燕：《利益集团与制度非中性》，《改革》1994 年第 2 期。关于制度非中性理论在国际关系或全球化讨论的运用，亦可参见张宇燕等《全球化与中国发展》第一章，社会科学文献出版社 2007 年版。除非特别说明，本书提到的"国际制度"和"国际规则"所指相同，尽管深究时两者尚有差异。

套以基督教教义为准绳的价值取向和善恶判定标准，另一方面也表明了它有一种将自身价值观念普世化的理想主义冲动。与此同时，美国又是一个极为注重实效的国家，它的行为或政策与制度选择无不围绕着形形色色的现实利益而展开，奉产权保护及利益最大化为圭臬。无论是价值诉求还是现实利益，其承载者都是具体的、受到不同激励而组织起来的个人，尤其是那些身处上流社会、占据关键决策岗位、掌握全国资源与财富的精英们。在社会内部，美国不同阶级或集团之间既有荣辱与共的利益，又存在着深刻的利益差异甚至冲突。在国家层面上，以党派政治表现出来的不同群体间的利益关系，又总是通过价值诉求和现实利益之间的矛盾与协调展示出来。概言之，"宗教热情—商业理念—集团政治"，三位一体，构成了美国行为的三大支柱，并成为理解美国行为根源的三个基本维度。

更进一步，我们试图因循下述逻辑线索来剖析美国行为的根源：追求的目标，目标形成和实现的过程，以及实现目标的条件。最一般地讲，美国的目标有两大类：价值诉求和现实利益。考虑到涵盖了对外政策的国际制度在维护和拓展价值诉求与现实利益方面具有的基础功能，特别是鉴于非中性国际制度对国内不同群体产生的歧视性后果，对美国国家行为之根源的探究，在相当程度上也就转化成了对其实现国家目标的过程与条件的研究。

自 18 世纪末期以来，在美国的对外政策中一直存在着两条看似相互独立、时而又相互矛盾的主线：理想主义与功效主义。理想主义的线索来源于基督教的宗教哲学传统，核心是要捍卫和拓展美国的价值理念；功效主义的线索主要出自于美国商业精神的传承，紧密围绕着权力和利益的角逐。而角逐的舞台，便是与制度或规则密切相关的党派争斗。作为前述议论的一个逻辑延伸，同时也是为了分析的便利，我们在此给出一个高度简化的讨论美国行为的框架，即所谓"价值诉求—现实利益"二元模型。该模型力求把最能反映出与美国行为相关的基本变量提炼出来，并说明它们之间的关系，且尽量使其具有一般性和预测美国行为之能力。借助这个二元模型，我们试图推导出某些事关美国行为之根源的命题，或引申出一些涉及美国行为的判断。

本书的第二章将重点讨论基督教与美国理想主义价值观。第三章则聚焦于受现实利益驱动的美国行为准则。第四章集中论述美国集团政治及其派生出来的社会政治经济制度。作为最后一章的结语，将在前文论述的基础上对美国对外行为的基本逻辑加以概括，并据此对美国未来国际行为以及中美关系未来走势进行评判和预测。

二

基督教传统与普世化价值

美国是一个基督教信仰浓厚的国家。以根植于基督教的道德标准区分敌友并将自身的价值观念普世化的意愿，构成了美国行为的意识形态基础。基督教信仰和由此激发的宗教热情所形成的价值诉求融入了美国社会，尤其是主流社会的意识与行为方式之中，并成为其决策时所依据的某种一般性原则，进而深刻影响了美国的国家偏好与政策选择。

◇（一）无所不在的基督教的影响

美国最初是由一群欧洲基督教新教移民共同组建的民族国家，同时也是当今世界上基督教信仰最为虔诚的国家。与《美国宪法》和《独立宣言》相并列，《圣经》

被视为美国建国的"奠基文本"。① 亨廷顿指出，在现代人看来，美国人所表现出信奉宗教的程度"几乎是独一无二的"②；基督教在美国虽说不是官方认可的国教，却是当之无愧的"非正式的国教"③。伯克维奇也反复强调，美国"现在是、而且一直是世界上最宗教化的国家"④。李普塞特亦曾说过，美国"从来都是基督教世界中宗教色彩最重的国家之一"⑤。对此，法国作家缪拉评论道："没有哪个国家像美国一样，拥有对宗教如此虔敬的人民，以至他们在外国人眼里显得太过分了。"⑥

　　绝大多数美国人将"我们信赖上帝"视为人生信条。⑦ 在 2003 年的民意测验中，有 92% 的美国人声称自己"信仰上帝"，85% 以上的人为正式受洗的基督徒；

---

　　① 萨克凡·伯克维奇：《关于赞同：美国象征建构的转化》，钱满素等译，上海译文出版社 2006 年版，第 5 页。

　　② 塞缪尔·亨廷顿：《失衡的承诺》，周端译，东方出版社 2005 年版，第 168 页。

　　③ 亨廷顿：《我们是谁：美国国家特性面临的挑战》，第 26 页。

　　④ 伯克维奇：《关于赞同：美国象征建物的转化》，第 5 页。

　　⑤ S. M. Lipset, 1967, *The First New Nation：The United State in History and Comparative Perspective*, New York：Boubleday/ Anchor, pp. 170 – 171.

　　⑥ 转引自于歌《美国的本质：基督新教支配的国家和外交》，当代中国出版社 2006 年版，第 24 页。

　　⑦ 钱满素：《美国文明》，中国社会科学出版社 2001 年版，第 368 页。

57%—65%的美国人承认宗教信仰在他们的生活中非常重要；85%的美国人相信《圣经》记录了上帝的原话，这其中近46%的人认为对圣经中的话应句句遵从。① 70%左右的美国成年人属于某个教会，并热衷于参加教会活动。② 与一些西欧国家宗教影响明显衰弱的现象相反，现代美国人仍对教会比对包括学校、政治机构、企业和媒体等其他社会机构表示出更大的信心。在任何一周里，都有超过40%的美国人上教堂，而近60%的美国人为"定期上教堂者"。③ 美国的宗教团体数量之多在世界上绝无仅有且增长迅速，由其组织或参与的各种宗教活动也比其他西方国家更为频繁。④ 其中一些宗教游说团体发挥着重要的政治影响，其议程广泛涉及对外援助、国际贸

---

① 亨廷顿：《我们是谁：美国国家特性面临的挑战》，第73—74页。在其他年度的民意测试中，声称自己信仰上帝的美国人也均保持在90%以上。认为宗教信仰对自己非常重要的美国人，通常是其他大多数工业化社会中人数的2倍以上。参见亨廷顿《失衡的承诺》，第167页；钱满素《美国文明》，第368页。

② 钱满素：《美国文明》，第368页；于歌：《美国的本质：基督新教支配的国家和外交》，第14页。

③ 赫茨克：《在华盛顿代表上帝：宗教游说在美国政体中的作用》，徐以骅等译，上海人民出版社2003年版，第5—6、20页。

④ James L. Adams, 1970, *The Growing Church Lobby in Washington*, Grand Rapids: William B. Eerdmans.

易、核战略、军事预算等国际领域。① 另据美联社调查，
美国人花在宗教上的时间和金钱，远比其花在体育和娱
乐上的多得多。② 总之，在历年各项反映国民信仰基督教
程度的数据统计中，美国在世界主要国家中一直居于首
位，令同样以信奉基督教为主的欧洲国家望尘莫及。

美国人的日常及公共生活脱离不了基督教的印记。③
哈切森曾指出，美国自始至终都是一个明显的宗教的社
会。④ 在美国，"每星期的第七天，全国的工商业活动都
好像完全停顿，所有的喧闹的声音也听不到了"。因为人

---

① Luke Eugene Ebersole, 1951, *Church lobbying in the Nation's Capital*,
New York: Macmillan; Paul J. Weber and W. Landis Jones, 1994,
U. S. Religious Interest Groups: Institutional Profiles, Westport, CT: Greenwood
Press; Kenneth D. Wald, 1987, *Religion and Politics in the United States*, New
York: St. Martin's Press; 赫茨克：《在华盛顿代表上帝：宗教游说在美国政
体中的作用》。

② 例如，在 1990 年的统计中，美国人观看各种体育比赛的人次为
3. 88 亿，而出席宗教活动的人次则为 52 亿，比观看比赛的总人次多出 12
倍；1992 年，全美捐给宗教事业的资金总额为 567 亿美元，而在美国最受
欢迎的棒球、橄榄球和篮球三大联赛的总收入为 40 亿美元，两者相差 13 倍
多。裴孝贤：《宗教在美国社会中的地位》，《交流》2000 年第 1 期。

③ James Reichley, 1985, *Religion in American Public Life*, Washington,
D. C. : Brookings Institution.

④ R. G. 哈切森：《白宫中的上帝》，段琦等译，中国社会科学出版社
1992 年版。

们在这一天，纷纷去教堂或家庭教会参加宗教活动。[1] 普利策奖获得者瑞克·布鲁格对其家乡的基督教盛况做过如下描述：在他幼年生活的那个小镇中，诊所仅有两个，但基督教堂却达 20 座之多。[2] 据说 20 世纪中叶美国房地产业大繁荣时期，所有房地产经纪人都不遗余力地大肆宣传配备有教堂的郊区或土地，以吸引虔诚的消费者光顾。[3] 在美国的钱币上，至今印有"我们信赖上帝"的字样。1905 年，西奥多·罗斯福总统曾委托雕塑家古斯塔·圣高登斯设计新分币以及 10 美元、20 美元的金币。圣高登斯纯粹出于美学上的考虑，建议去掉原钱币上"我们信赖上帝"这句格言。经总统同意，新币于 1907 年 11 月铸造并发行。随即，这种"不信上帝的钱币"在全美国遭到惊涛骇浪般的口诛笔伐。直到 1908 年 7 月 1 日，国会通过在钱币上恢复旧格言的法案，总统在上面签了字，这场大风暴才算平息。[4] 宗教言辞和象征遍布于美国公共言论和礼仪之中。国家的重大典礼和活动具有

---

[1]　亚历克西·托克维尔：《论美国的民主》，董果良译，商务印书馆 1988 年版，第 675 页。

[2]　瑞克·布鲁格：《南方纪事》，王聪译，华夏出版社 2005 年版。

[3]　马丁·马蒂：《美国的宗教》，载卢瑟·利德基主编《美国特性探索》，龙治芳等译，中国社会科学出版社 1991 年版，第 281 页。

[4]　R. G. 哈切森：《白宫中的上帝》，第 44 页。

浓厚的宗教气氛；美国的公众礼仪总是以牧师的祈祷开始，以其祝福结束。[①] 美国军队一直保持着士兵作战前祷告，以及在军队中配备牧师的习俗。明确不信仰上帝和基督教的人很难在这个国度中被普遍接受，[②] 以至于生活在美国的无神论者有时也不得不经常"用一种宗教的音调讲话"[③]。在多数情况下，美国的政治竞选者必须强调自己虔敬的基督教信仰，才会拥有广泛的选民基础。他们在演讲中使用的语言表达着对上帝的虔敬之心，以便和公众沟通。1999 年的一次民意测验表明，90% 的美国人表示愿意投票给黑人、犹太人或女人，59% 的美国人甚至愿意投票给同性恋者，但只有不到一半的美国人愿意投票给无神论者。[④]

基督教伦理对美国高层领导人的行为影响重大，美国精英阶层的言行通常被打上深刻的宗教烙印。调查显示，认为宗教信仰对其政治生活有较明显影响的美国国

---

① 亨廷顿：《失衡的承诺》，第 170 页；《我们是谁：美国国家特性面临的挑战》，第 87 页。

② 亨廷顿：《我们是谁：美国国家特性面临的挑战》，第 75 页。

③ 亨廷顿：《失衡的承诺》，第 169 页。

④ 转引自张爽《美国民族主义：影响国家安全战略的思想根源》，世界知识出版社 2006 年版，第 26—27 页。

会议员占80%。① 基督教是美国两党的共同信仰，那些彼此政见不同的政治领袖对于宗教文化的理解是相通的。② 美国历史上所有的43位总统中有39位是基督教教会成员，其余的4位也与教会关系密切，可见宗教在椭圆桌（总统办公室）中同样起着不可忽视的作用。从美国历届总统几乎都是虔诚的教徒上，可以传达出公民宗教的同一主题信息。历史上许多位总统都是教堂的常客。在华盛顿地区，一些教堂很自豪地标识出"华盛顿座椅""林肯座椅"或"罗斯福座椅"。尼克松甚至大肆张扬地在白宫"东屋"礼拜，把"教堂"公开搬进了白宫。③ 开国总统华盛顿在就职典礼上，曾亲吻《圣经》并手按《圣经》宣誓，在正式誓词之外，另发挥了一句"我宣誓，我祈求上帝的保佑"。自此之后，这一充满宗教色彩的程序成为规范模式，历届美国总统在宣誓就职的典礼上都要手抚《圣经》宣誓，以示对其领导使命和对宗教的承诺。在做公开演讲时，他们常说的一句话是"愿上

---

① 贾妍：《美国国会议员的宗教信仰与投票行为》，载徐以骅主编《宗教与美国社会3——网络时代的宗教》，时事出版社2005年版，第405—407页。

② 张立平：《美国政党与选举政治》，中国社会科学出版社2002年版，第137页。

③ 哈切森：《白宫中的上帝》，第4、7、47—48、267页。

帝保佑美国"①。在国家危难时刻，美国总统通常会亲临
国家大教堂，与民众一起祈祷。②1789年，华盛顿根据国
会众、参两院的联合决议，确定了美国的官方节日——
感恩节；1863年，林肯签署了感恩节公告，使这一早期
清教徒创造的庆典活动成为美国永久性的宗教节日。

从历史上看，美国总统作为公民宗教的首领起着象
征性作用。正如《白宫中的上帝》一书的作者哈切森所
言，他们是"国民信仰的主要喉舌"，他们的领导权
"凭藉着统一性的功能支持着这一宗教信仰"，其职位
"一直是这种公民宗教的象征性的焦点所在"。美国公民
宗教的主要"经文"便是根据其历史上五位伟大的总统，
即华盛顿、杰斐逊、麦迪逊、林肯和威尔逊的言论结集
而成的。从美国历任总统公开及日常的言行中，我们能
感受到宗教信仰对他们的非凡意义。华盛顿曾告诫美国
人不要忘记，"上帝的大能在我们的革命时期多次彰显，
全能的上帝是我们唯一的保护"；正是"上帝的恩惠使整
个政府能为实现人民这一目标而做出贡献"。约翰·亚当
斯曾志愿做一名全职的基督教牧师，并为此理想进入哈

---

① 于歌：《美国的本质：基督新教支配的国家和外交》，第15页。
② 张立平：《美国政党与选举政治》，第137页。

佛大学主修神学。白宫餐厅的墙壁上至今仍留有他在任时刻下的祷词："我祈求上帝，将最好的祝福赐予这座屋子和以后居住在这里的每个人，但愿唯有诚实睿智的人永远在这屋檐下治理！"林肯做祷告时一向坚持站立，他的许多演讲词如同传教士的布道。麦金利曾宣称，他笃信基督的神性，并认为基督教是导致世界文明最强大的因素。后来，他因遇刺而身亡，在临终前说道："这是上帝的旨意。愿他的旨意成就。"西奥多·罗斯福每周坚持去教堂做礼拜，有"强人基督徒"之称。以根深蒂固的道德主义者、基督教十字军骑士身份公开示人的威尔逊，在基督教神学领域的造诣过人。他曾多次表示，美国是一个基督教国家，上帝庇护的美国负有全球性使命。杜鲁门于1952年签署了设立全国祈祷日的国会联合决议案。据说他随身携带自己的祈祷文，其开头写道："全能永恒的上帝，天地万物的创造者，帮我为人正义，帮我思考正义的事，帮我采取正义的行为。"担任总统期间，艾森豪威尔在《效忠誓词》中加上了"美国归上帝主宰"的字样。以信仰虔诚著称的卡特经常到浸礼会教堂的主日学校传道。在官方的招待会上，他向来滴酒不沾，并因此被人们称为"教堂执事"。卡特坚持在他所属的华盛顿教堂内教主日学；在各种公开场合，不仅对各类美国人、新闻界，甚至对非基督徒的外国贵宾们，他不断表露其"毫不掩饰的宗教味"。离职后，卡特与其夫人经常以教会志愿者的身份做义工。里根在基督使徒会长大，曾是其活跃成员；在当总统的前一年，他转而加入了贝尔·埃尔长老会。他曾反复声明："我始终坚信凡事都有某种神意的安排。"老布什在位期间，屡次邀请福音派领袖葛培理到白宫祈祷，并请其为小布什做宗教指导。他向人们宣称："你们面前的这个男人，至少将《圣经》读了四遍。"克林顿对《圣经》及基督教神学了如指掌，能够自如地运用福音派辞令。小布什在以"信仰能够改变生命"为主题的演讲中声称："信仰是生活的框架，它给予影响我们所做行为的灵与心。……信仰能够改变生命。……通过基督，我和上帝的关系给了我生命的意义和方向。我的信仰使得我个人生活和政治生活有了极大的不同。……民主运转有多好完全取决于那些愿意参与的人们的素质。……我们同是上帝的儿女，我们都被信仰的力量团结在一起。"他甚至曾明言道，他的政治学老师是耶稣。①

---

① 以上内容参见戴维·艾克敏《布什总统的信仰历程》，姚敏、王青山译，社会科学文献出版社2006年版，第229—244、269—279页；于歌《美国的本质：基督新教支配的国家和外交》，第15—19页；哈切森《白宫中的上帝》，第5、9、45、54、70页。

美国虽然在建国初始就确立了"政教分离"的原则，但宗教观念对美国行为的实际影响却持久而深远。早在170多年前，托克维尔就敏锐地捕捉到了这种影响的力量。在其著作《论美国的民主》中，他曾多次对此发表感慨："一到美国，首先引起我注意的，就是宗教在这个国家发生的作用。我在美国逗留的时间越长，越感到这个使我感到新鲜的现象的政治影响强大。"他深感，美国是一个"基督教到处都对人们灵魂发生强大的实在影响的国家"；在这个国度里，基督教"是一个基础巩固和不可抗拒的存在"，它"作为一种无需论证就被信仰的宗教在发生支配作用"，并"对美国人的思想保有巨大的控制力量"。[1] 半个世纪后，詹姆斯·布赖斯得出了与托克维尔类似的结论：宗教对美国人行为施加的影响，"大概超过任何别的现代国家，而且远远超过以前的所谓信仰时代"[2]。难怪美国政治学者赫茨克直言不讳地指出，"不了解宗教向度就不可能理解美国的政治"[3]。

---

[1] 托克维尔：《论美国的民主》，第342、337、522页。
[2] 转引自亨廷顿《我们是谁：美国国家特性面临的挑战》，第73页。
[3] 赫茨克：《在华盛顿代表上帝：宗教游说在美国政治中的作用》，第162页。

◇（二）宗教信仰与民族主义和爱国主义情绪相互强化

基督教信仰与美国人的民族主义①和爱国主义②情结密切相关。宗教信仰深厚的国家，往往也伴随着较强的民族主义精神。③ 美国人对自己的民族属性高度认同，并怀有显而易见的优越感。对此，赫伯特·克罗利曾评价道："一个普通的美国人如果不爱国，那么他就不是一个

---

① 伯林认为，"民族主义"首先是对属于特定人群的坚定信念，对相应生活方式的信奉不渝；共同的疆界、习俗、法律、记忆、信仰、语言、艺术和宗教表达方式、社会制度、生活方式，往往还包括共同的遗传、血缘、种族特性等诸因素塑造了民族主义的独特性格。民族主义者坚信，人的本性能充分实现的最基本社会单位，不是个体，亦非可随意解散、改变或抛弃的自愿社团，而是民族；只有民族的生活、目标和历史能赋予个人的存在及行动以生命的价值和意义。民族主义的四大特征是：坚信民族要求至高无上；民族所有成员的有机联系；我族价值之有价值就是因为它是我族的；在诸多权威或忠诚的竞争者中，民族诉求是至高的。以赛亚·伯林：《民族主义：往昔的被忽视与今日的威力》，载《反潮流：观念史论文集》，冯克利译，译林出版社2003年版。

② 克里斯托对"爱国主义"和"民族主义"之间的区别做了界定："爱国主义源于对国家过去的热爱；民族主义则产生于对国家未来、与众不同的伟大期望。"转引自莎蒂亚·德鲁里《列奥·施特劳斯与美国右派》，刘华等译，华东师范大学出版社2006年版，第183页。

③ 亨廷顿：《我们是谁：美国国家特性面临的挑战》，第304页。

典型的美国人。"① 在多次民意调查中，绝大多数的美国人都表明自己是坚定的"爱国者"。在 1991 年的一次民意调查中，对于"你作为一个美国人有多么自豪？"这个问题，96% 的美国人回答说"非常自豪"或"很自豪"。在 2002 年 9 月的一次调查中，对自己作为美国人"极其自豪"和"非常自豪"的人有 91%。20 世纪80 年代中期，在美、英、法、西德四国进行的一次民意调查中，对自己国家表示自豪的青年人比例分别为：美国人 97%，英国人 58%，法国人 80%，西德人65%。当问到青年人是否愿意为国效力时，表示"愿意"的美国青年占 81%，同样的回答在英、法、西德青年中的比例分别为 46%、55% 和 29%。② 康马杰提到，美国人天经地义地以为，最幸运的国家和最幸福、最具有美德的社会，非美国莫属。③

美国人的民族认同感和自豪感之形成非常独特。作为一个清教徒移民国家，美国不存在传统民族主义土壤中天然的种族和血统认同，它的爱国主义情绪和民族凝

---

① 赫伯特·克罗利：《美国生活的希望》，王军英等译，江苏人民出版社 2006 年版，第 1 页。
② 亨廷顿：《我们是谁：美国国家特性面临的挑战》，第 227—228 页。
③ 康马杰：《美国精神》，第 6 页。

聚力是依靠某种精神力量来维系的。美国生活方式说到底，是"一种精神结构，一种思想、理想、追求、价值信仰和准则的结构"①。与欧洲多数国家的情况相比，美国人"在基本价值和信仰方面存在着、而且过去一直存在广泛的共识"。这些精神共识往往被称为"美国信念"或"美国梦想"。②克罗利指出，美国人对国家所持有的信念是虔诚的、坚定的、普遍的，它无处不在，并成为美国人生活中必不可少的一部分。那些对美国信念持怀疑态度的人之所以未遭遇反驳和挑战，是因为人们根本注意不到他们的言行。这种信念的影响潜移默化地融入了美国人的日常生活，他们或许会质疑并厌恶他们中的一些人假借国家之名做出的行为，然而他们对国家本身的热爱却是毋庸置疑的。他们的爱国信念体现在对国家命运的美好憧憬中。乔治·威尔斯说过："如果与一个美国人谈论国家目标，那么这个美国人可能会对此感到困惑；如果谈论国家的命运，那么这个美国人肯定会积极

---

① 转引自徐以骅主编《宗教与美国社会》第一辑，时事出版社 2004 年版，第 52 页。

② 亨廷顿：《我们是谁：美国国家特性面临的挑战》，第 4 页。卡特总统列出了美国人达成高度一致的几个重大问题，其中第一条便是"赞同个人生活中宗教的价值"。吉米·卡特：《我们濒危的价值观：美国道德危机》，汤玉明译，西北大学出版社 2007 年版，第 8—9 页。

地做出回应"，绝大多数美国人希望在以"美国生活的希望"为主题的书中能够详尽地描绘美国辉煌的未来：一个现代的乌托邦坐落在美好之乡，其上空飘扬着星条旗。① 美国信念或美国梦想的巨大号召力，加强了美国的民族凝聚力。

"美国梦想"或"美国信念"的形成，与"上帝的选民"这层共同的宗教身份，其间的关系可谓血肉相连。独特的共同宗教身份充当了美国不同民族、种族和文化之间的价值黏合剂，并最终内化为一种持久的美利坚民族认同感。美国民族主义的核心是对上帝的虔诚信仰。这种具有高度一致的意识形态和浓厚宗教色彩的价值观是美国文明的核心，是维系美国存在的根基，是连接个人与国家的纽带。② 托克维尔提醒人们决不要忘记，"使英裔美国人的社会得以建立的，正是宗教"；因此，宗教在美国是同"整个民族的习惯和它在这个国土上产生的全部情感交织在一起的"。③ 亨廷顿认为，美国的国家特性和团结是来自"盎格鲁精英将自己的形象烙印在移居

① 克罗利：《美国生活的希望》，第 1—5 页。
② 张爽：《美国民族主义：影响国家安全战略的思想根源》，第 17、26 页。
③ 托克维尔：《论美国的民主》，第 521 页。

这个国家的各族人身上的能力和愿望";这群精英所信奉的宗教信仰及道德标准,三百年来"一直是而且至今仍然是美国特性和国民身份的最主要的因素",它是美国与众不同的"最重要的原因"。[①] 奇德斯特看到,美国人把宗教视为一种"具有神圣性质的信仰与权力的结合点",从而投身于本民族的事业。[②] 理查德·巴尼特指出,虽然所有的民族都努力宣扬自己优越性的伦理观,但只有美国人"使其成为一种宗教"。[③]

绝大多数的美国人相信,是上帝"拣选"了美利坚民族。按康德拉·切里所说,就是"意识到美国负有上帝赋予的特别使命"。他们的这种共识来自基督教的"千禧年"预言。[④] 根据《圣经》的允诺,将有一个民族在最后的日子里崛起,以迎接千禧年的到来;这个新教民族将由摩西率领,从堕落之地迁徙至一个新的基督教的迦南。[⑤] 由于

① 亨廷顿:《我们是谁:美国国家特性面临的挑战》,第53、73页。

② D. Chidester, 1971, *Patterns of Power*, *Religion and Politics in American Culture*, New Jersey: Princeton University Press, pp. 94 – 95.

③ 转引自杰里尔·罗赛蒂《美国对外政策的政治学》,周启朋等译,世界知识出版社1997年版,第377—378页。

④ 亨廷顿:《失衡的承诺》,第172页。

⑤ 伯克维奇:《关于赞同:美国象征建构的转化》,前言第3页,正文第31页。

"土地肥沃，资源丰富，气候宜人，北美似乎就像上帝隐藏起来的希望之乡"，等待着上帝的选民来发掘和占领；而后在神的指引和保护下，他们"将致力于把光明和拯救带给世界其他地区"。[①] 在北美新教徒看来，这片新大陆就是预言中的"新以色列"，而他们自己则是亚伯拉罕的直系后裔，是基督教神圣谱系中的最晚的继承人，由他们组建的民族是上帝最新的"选定民族"。他们同上帝之间有一道神圣的"约定"：他们不仅蒙受特殊的神恩，而且还担当着神所赋予的建立基督教国家以及垂范、拯救世界的重任。[②] 美国立国者为共和国挑选的拉丁文国训之一正是 Annuit Coeptis（"上帝赞佑吾人吾基业"）。[③] 回顾美国的历史，选民情结和为人类树立榜样的意愿成为美国人艰苦创业及建国过程中汲取精神力量的源泉之一。[④] 对此，伯克维奇一针见血地揭示道："一小群英国殖民地者僭用了美利坚的意义，并赋予它一种特殊使命，

---

① 塞缪尔·莫里森等：《美利坚共和国的成长》，南开大学历史系美国史研究室译，天津人民出版社1980年版，第70页。

② 张铭：《宗教文化与美国外交中的道德理想主义》，载任晓、沈丁立主编《保守主义理念与美国的外交政策》，上海三联书店2003年版，第256—257页。

③ 亨廷顿：《我们是谁：美国国家特性面临的挑战》，第87页。

④ 张铭：《宗教文化与美国外交中的道德理想主义》，第256—257页。

同时宣布自己是代表未来的民族";这一宣称的背后"包含着始于新英格兰清教的一系列象征性的自我界定";而这些身份的界定和宗教比附逐步构成了美国式的神话和民族认同。①

　　大卫·杰勒恩把美国民族主义信念定义为一种宗教信仰,并贴上"美国主义"的标签,称其为美利坚民族自清教徒登上新大陆以来,一直薪火相传、生生不息的固有传统。作者指出,美国人在自豪地表达"我信赖美国"这句饱含民族主义和爱国主义的惯常用语时,其所指的对象并不仅是一个世俗国家,更是一种力量强大、世代相传的宗教思想。"美国"的思想本质就是在现代世界的一个现代国家中,用《圣经》和犹太—基督教信仰关注现世问题。杰勒恩对"美国主义"所下的定义包括如下要点:美国不仅是一个民族国家,也是一种宗教思想;美国不仅是一个世俗共和国,同时更是一个笃信《圣经》的、富有宗教使命感的共和国;"美国主义"是一种根植于《圣经》,而非现代公民主义的宗教信仰,是由基督教思想特别是清教主义基督教思想塑造而成;美国是上帝赐予人类的一块新乐土,备受上帝的眷顾和恩

---

　　① 伯克维奇:《关于赞同:美国象征建构的转化》,前言第1—2页。

惠，它有责任将自由、平等和民主这些上帝赐予全人类的权利施与人类。[①]

在美国，以宗教维系的意识形态宣传和爱国主义教育经久不衰。美国式的文学作品和政治宣传不断地提醒美国人，他们是"被选来重新开始世界的人民"[②]。美国人在孩提时代，会经常听到长辈们在交谈中提及有关美国信念的话题。他们接受的教育每达到一个新阶段，这种信念就会变得更加强烈。[③] 20世纪初，美国学校的孩子每天清早就起身，一同背诵"美国信念"。他们每天生活的起点都是从"我信上帝，全能的父，创造天地的主"的誓言开始；他们逐渐相信，自己的天职是创建"一个山上之城"和"人间最后最美好的希望"，经由世界"荒原中的使命"，创造一片"新的天堂、新的人间"。[④] 如今，数百万美国小学生在每天早晨开课之前，仍要参加带有强烈爱国主义教育色彩的升国旗仪式，并宣读以下效忠誓词："我向美利坚合众国国旗及其所代表的共和

---

① David Gelernter, 2007, *Americanism*：*The Fourth Great Western Religion*, New York：Doubleday.

② 同上书，前言第2页。

③ 克罗利：《美国生活的希望》，第3页。

④ 亨廷顿：《失衡的承诺》，第172页。

国宣誓效忠；这一上帝庇护下的国度不可分割，民众享有自由和平等。"① 2004 年，美国最高法院推翻了有关以

---

① 美国的中小学教育有效地促进了美国人对国家价值的认同，并在十多年前得到了进一步的强化。1994 年美国公民教育中心（Center for Civic Education）在美国教育部教育研究与促进办公室（The Office of Education Research and Improvement，OERI）及 PEW 慈善信托基金的支持下，开发了一套《公民与政府教育国家标准》，较为详细地列举并说明了美国学生在大学前教育（K-12）的各个年级准备达到的公民教育目标和标准。在幼儿园到四年级的"K-4 课程内容标准"中，该标准所设定的大致内容有五方面。一，什么是政府？政府是做什么的？具体内容包括：（1）什么是政府？（2）政府成员从哪里获得权威，来制定、实施和执行法律、法规，以及如何处理关于法律、法规的争论？（3）政府为什么是必须的？（4）政府所做的工作中哪些是最重要的？（5）法律、法规的目的是什么？（6）你如何评价、评估法律、法规？（7）有限政府与无限政府的区别在哪里？（8）为什么限制政府的权力很重要？二，美国宪政民主制度的基本价值和原则是什么？具体内容包括：（1）美国宪政民主制的最重要的价值和原则是什么？（2）美国人民对自己及对政府的一些最重要的信仰是什么？（3）为什么美国人民必须共同拥有（共享）一些价值、原则和信仰？（4）美国的多样性文化的好处在哪里？（5）应该如何避免和处理多样性文化当中的冲突？（6）人民可以如何通过共同努力来推进美国宪政民主制的价值和原则？三，建立在宪法基础上的政府是如何体现美国宪政民主制度的目的、价值和原则的？具体内容包括：（1）美国宪法是什么？它为什么重要？（2）全国政府是什么？它如何保护个人权利和促进公共福利？（3）州政府的主要责任是什么？（4）地方政府的主要责任是什么？（5）在地方政府、州政府和全国政府的立法机构和行政机构中，谁是你的代表？四，美国与世界其他国家及世界事务的关系是怎样的？具体内容包括：（1）世界是如何分为众多的国家的？（2）国家间如何交往？五，在美国的宪政民主制中，公民的作用是什么？具体内容包括：（1）成为美国公民意味着什么？（2）一个人如何

"上帝"名义宣誓效忠美国违反美国宪法的裁定。此举通过维护效忠誓词中"上帝庇护下"的表述,巩固了宗教与爱国主义之间的精神纽带。

◇(三)基督教一元论与美国式的道德标准

总体而言,美国人习惯于用理想主义的道德标准区分"好人"与"坏人"或"敌人"与"朋友"。他们的这种思维方式植根于他们所信奉的基督教哲学中。和其他宗教相比,基督教是典型的一元宗教,其宗教体系的基础是相信上帝为世间唯一的真神。摩西向信徒宣布上帝的十条诫命,其中第一条训诫便是:"我是耶和华你的神……除了我之外,你不可有别的神。"[①]在基督徒看来,

成为美国公民?(3)美国公民的重要权利有哪些?(4)美国公民的责任有哪些?(5)什么样的性格特点对维护和促进美国的宪政民主制是重要的?(6)美国公民如何参与政府?(7)政治领导和公共服务有什么重要性?(8)美国人如何选举领导人?5—8年级和9—12年级课程内容标准大致是K-4年级标准的深化、扩展和延伸,其主题仍然集中在对于宪政民主制度的了解和理解方面,尤其是对于政府权威和责任的介绍以及公民权利和义务的介绍上。转引自刘军《通过教育捍卫民主——美国中小学公民教育的国家标准》,《开放时代》2006年第6期。

　① 《出埃及记》,第20章,第2、3节。

对上帝的信奉是先验的、绝对的、无条件的。在归信基督之后，信徒必须相信上帝的每一句话，任何的、哪怕是丝毫的怀疑都是亵渎上帝的行径。在他们的信仰世界中，存在着"教徒"和"异教徒"的区分，是否拥有上帝子民的身份是识别"自己人"或"其他人"的标准。

宗教信仰通常会使人们产生某种有关世界真理的信念，这些信念通常又为社会确立了某种关于道德和正义的基本态度，并由此来影响人们的行为。美国人秉承基督教排斥多样性的传统，形成了一套具有浓厚一元论①色彩的评价道德和真理的标准。自建国开始，美国的政治

---

① "一元论"是美国观念史学家、哲学家洛夫乔伊创造的术语。关于"一元论"和"多元论"的哲学标准，伯林有过精彩的论述。他将主要的思想家划分为"刺猬"与"狐狸"。刺猬是"一元论"者，他们认为真理是"无所不在且始终如一的"，一旦人们发现了它，就会"在它的照耀下引导他们的生活"；自然用一条不可分割的锁链将真理、幸福与美德连接在一起；在原则上，存在一种和谐的模式，在其中所有的价值都能够和解，而人们必须确立的正是去接近这个独一无二的目标；不同的生活方式及其实践可以被排列分级。狐狸们都是"多元论"者，他们相信价值的确是客观的，但种种真实的价值之间存在着不可解决的冲突；对人类的问题，追求一种唯一的、最后的、普遍的解决，无异于追求海市蜃楼；价值是多元的，它们可能是互不兼容的，即在某个单一的生活或单一的社会限度内不可能共同实现；不存在一个共同的基准，可以据此对不同的价值进行排列分级。马克·里拉、罗纳德·德沃金、罗伯特·西尔维斯编：《以赛亚·伯林的遗产》，刘擎、殷莹译，新星出版社2006年版，第42—49页。

领袖们就不断重申由宗教产生的道德之于国家和国民的
重要性。华盛顿曾说过："理智和经验都告诉我们，若无
宗教原则，是无法保持国民道德的。"约翰·亚当斯也表
示，一个共和国"只有由纯宗教或严格道义来予以支
持"，美国的宪法"只是为讲道德和信教的人民而制定
的"。[①] 桑塔亚那把美国人看作一群"有道德原则的人"，
他们喜欢"将道义诉诸公共事务"。[②] 李普塞特更是以一
种自信的口吻声称，道德主义是美国人从以往的新教传
统中继承下来的一种价值取向，它是美国社会中"一些
最优秀和最杰出的部分的积淀"[③]。亨廷顿指出，正是道
德激情的核心作用将美国与其他社会区分开来，这也是
外国人最难以理解的特征。[④] 由于这种理解困难，外国人
通常觉得美国人总用善恶观点考虑政治、经济和社会问
题，令他们感到心烦。[⑤]

相对强烈的宗教信仰使美国人比其他人更偏好从善

---

① 亨廷顿：《我们是谁：美国国家特性面临的挑战》，第71—72页。
② 亨廷顿：《失衡的承诺》，第78页。
③ 西摩·李普塞特：《一致与冲突》，张华青译，上海人民出版社
1995年版，第313、340页。
④ 亨廷顿：《失衡的承诺》，第13页。
⑤ 亨廷顿：《我们是谁：美国国家特性面临的挑战》，第304页。

恶角度去看待世界。① 他们喜欢用符合自己价值理念的一套"真理"标准，把他人的行为贴上"优"或"劣"、"善"和"恶"、"对"与"错"的道德标签，并以此从主观上界定敌友关系和亲疏关系。从本质上看，基督教哲学是一元的哲学，而美国人的真理和道德观念同样是拒斥多样性的。托克维尔曾明确地指出，美国人在"不经论证而接受基督教的基本教义后"，便"承担起接受基督教所提出的大量道德真理的义务"，各教派都"以上帝的名义去宣讲同一道德"。② 美国表面上是一个开放得多元化社会，有所谓思想的"熔炉"和"拼花被面"之称。但正如伯克维奇所指出的那样，异质共存并非是那些抽象关系或一般性原则的对立面，美国的开放包容性是与它吸收同化和拒斥的能力相互照应的。③

基督教哲学中拒斥多样性的特点，使美国人骨子里怀有一种保守的天性。总体来说，美国是一个趋于保守的社会，保守主义理念对社会上层的影响较为明显。新保守派的师祖、近几十年对美国政治理念影响重大的政

---

① 亨廷顿：《我们是谁：美国国家特性面临的挑战》，第304页。
② 托克维尔：《论美国的民主》，第337、522页。
③ 伯克维奇：《关于赞同：美国象征建构的转化》，第13页。

治哲学家列奥·施特劳斯①认为，任何实在的权利都基于
"正义"与"非正义"的区分，"善先于权利"；每个社
会都需要一个单一的公共正统信仰，或者一种理念，以
此来界定是与非、对与错、高贵与卑贱；一个健康的社
会是由单一的权威真理凝聚起来的社会，这个权威真理
为其公民提供共享的价值观和共同的生活方式；善与恶、
对与错的真理标准都直接得自某种先天的启示；宗教是
灌输这些价值观传统的最强有力的工具，它将政治秩序、

---

① 虽然施特劳斯本人生前很少谈及美国，也从不参与美国的任何当代
政治辩论或政治活动，更未写过任何关于美国政治的文章，但是他的哲学
思想对美国政界影响甚大。施特劳斯的政治哲学被美国主流媒体追捧为
"华盛顿的官方政治哲学"。美国主要媒体如《纽约时报》《时代周刊》《新
闻周刊》《新共和周刊》以及《纽约时报杂志》等，都指称施特劳斯是共和
党的"思想教父"，认为这位原芝加哥大学的政治哲学家是"对当今美国政
治最有影响的人物之一"。施特劳斯的学生及信徒遍布美国各种决策机构、
智囊库、大学、商业界和媒体中，织成一张广泛的人际关系网。他们中的
一些人还进入了联邦政府的核心决策部门，在美国政坛拥有强大的影响力。
其中在政界地位较高的包括小布什政府的首席全球战略家、国防部副部长
沃尔福维兹以及共和党军师小克利斯托，克林顿的政治顾问、自由派政治
哲学家盖尔斯顿等。他更早一些的弟子们直接参与了 20 世纪 80 年代美国高
层决策，担任总统（里根）安全助理、参谋长联席会议主席、教育部部长、
新闻发言人、国防部高官、中央情报局长等要职。参见甘阳《政治哲人施
特劳斯：古典保守主义政治哲学的复兴》，载列奥·施特劳斯《自然权利与
历史》，彭刚译，生活·读书·新知三联书店 2006 年第 2 版，导言第 2—7
页；德鲁里，导言。

终极真理或终极现实联系起来。^① 保守主义与基督教对于神启真理的坚持、对于过道德生活的重视如出一辙。追求美德与善是保守主义的哲学基础。弗罗能指出，"对于善的生活和美德的追求"，使"保守主义政治哲学获得自己的目标和与永恒的自然法标准的本质联系"。^② 深受这种哲学理念的影响，美国人通常相信有一种"美好的""善的"生活方式存在，而且认为人们必然向往这种所谓的理想生活。在他们心中，已然形成对"美好社会"模式的认知和共识，而指导"美好社会"的那些不证自明的原则，便是带有宗教启示色彩的、美国式的道德观念。

---

① 列奥·施特劳斯：《自然权利与历史》，彭刚译，生活·读书·新知三联书店 2006 年第 2 版；列奥·施特劳斯：《霍布斯的政治哲学》，申彤译，第五章"国家与宗教"，译林出版社 2004 年版。伯林访问芝加哥时，曾与施特劳斯促膝长谈。他晚年提到，自己与施特劳斯"存在着一道不可逾越的鸿沟"。他说，施特劳斯和他的门生相信，善与恶、对与错都直接得自某种先天的启示，某种"形而上学之眼"，但他却无法相信，有永恒的、不可改变的绝对价值，有诸如上帝赋予的自然法之类的放之四海而皆准的东西。伯林认为，人类的价值是多元的，而且有不同层次；人类的价值不是靠形式理性推导出来的，也不是神圣的上帝赋予的，因此不存在普遍客观的真理；追问美好生活是一个历史错误，关于美好生活的所有说法都是相对的，而且相互冲突，永远不可能达成一致。拉明·贾汉贝格鲁编著：《伯林谈话录》，杨祯钦译，译林出版社 2002 年版，第 28—29 页；另参见刘小枫《刺猬的温顺——伯林和施特劳斯》，载萌萌主编《启示与理性：哲学问题回归或转向？》，中国社会科学出版社 2001 年版。

② 张铭：《宗教文化与美国外交中的道德理想主义》，第 261—263 页。

美国人宗教式的道德观和理想主义情感，有时会通过一种斗争激情的形式来表达：凡是阻碍"理想"实现的力量，便是"不道德""不正义"，甚至是"邪恶"的，而正义必须得以伸张、邪恶一定要被铲除。美国人喜欢区分"敌人"和"朋友"，并倾向于将对手描绘成必须被"高尚的"美国人消灭的"恶魔"。西奥多·罗斯福曾明确表示，美国政治的核心问题就是"为了道义作根本的斗争"①。玻勒马霍斯直言："在我看来，正义就是帮助朋友，伤害敌人。"②此语表达了典型的美国式宗教思维。这种"惩恶扬善"的英雄主义情结，也常常被当作华丽的道德外衣，在精神层面上赋予美国行为以合法性。

美国人的善恶观念突出体现在对外部世界的态度上。他们对外部"敌人"的界定通常建立在道德评价和对"正义"的理解基础上，对于外部"敌人"威胁程度所做出的判断也往往依据因善恶观念的差异而存在的潜在可能性。在美国人看来，似乎只有通过在道德上压倒外部"敌人"，美国基于宗教信仰的民族凝聚力才能得以维

---

① 亨廷顿：《失衡的承诺》，第107页。

② 转引自洪涛《"历史终结论"与新保守主义的"激情"》，载任晓、沈丁立主编《保守主义理念与美国的外交政策》，上海三联书店2003年版，第49页。

系和巩固，美国的国家安全方可获得保障。正如时殷弘所指出的那样，美国对外部威胁的评估总是以"敌人"的存在为前提，以至寻求甚至制造敌人成为美国国家安全的一种需要。"通过寻找敌人来评估威胁。也就是不自主地甚至有意把某些或某类国家作为现实的或潜在的对手，并以此来判断对方的意图、基本战略，规划自己的战略目标和相对能力。"①

◇◇（四）基督教信仰与其制度的优越感

正如托克维尔所说的那样，"在每一种宗教之旁，都有一种因意见一致而与它结合的政治见解"，美国的政治和宗教"一开始就协调一致，而且以后从未中断这种关系"。② 在美国，人们的宗教和制度信念具有"同源性"，③ 基督教信仰渗透到政治、经济、社会的方方面

---

① 时殷弘、陈然然：《论冷战思维》，《世界经济与政治》2001 年第 6 期。

② 托克维尔：《论美国的民主》，第 333 页。

③ 亨廷顿：《我们是谁：美国国家特性面临的挑战》，第 86—87 页；《失衡的承诺》，第 179 页。

面。美国人不但在宗教信仰上高度一致，而且在核心政治理念上也存有坚定的共识。① 这种共识主要表现为对民主制度、自由企业制度和人权保障制度之理念的信奉和认同。在他们看来，宪法保护下的自由、民主和人权保障制度，具有崇高和神圣的意义，是一套正确性不容置疑的价值标准，它符合上帝的意旨。《独立宣言》中有如下经典告白："我们认为下边这些真理是不言而喻的：人人生而平等，造物主赋予他们若干不可剥夺的权利，其中包括生命权、自由权和追求幸福的权利。"② 对此，托克维尔感慨道，美国人"把基督教和自由几乎混为一体，以至叫他们想这个而不想那个，简直是不可能的"③。美国宗教政治学家保罗·威廉姆斯曾说过，美国人"把民主的理想视为上帝的旨意"，他们"确信民主是生活的法则"④。乔治·马斯登也指出："美国建立在体现于宪政当

① 亨廷顿：《失衡的承诺》，第 168 页。
② 引自《独立宣言》，载赵一凡编《美国的历史文献》，蒲隆等译，生活·读书·新知三联书店 1989 年版，第 17 页。
③ 托克维尔：《论美国的民主》，第 340 页。
④ Paul Williams, 1951, *What American Believe and How They Worship*, New York：Harper & Row, p. 71.

中的基督教原则上。"①

美国人对所谓自由、民主和人权制度的笃信，其根源不仅来自欧洲先哲的思想，而且他们还在《圣经》中汲取到灵感。杰勒恩认为，《圣经》和犹太教—基督教传统对美国人的观念所施加的影响更甚于洛克等启蒙思想家和英国法律传统所产生的作用。在美国开国元勋们的解释中，"自由"与《圣经》中的自由思想和"出埃及记"②的主题彼此契合。"民主"的优越性同样可从清教徒《圣经》中找到有力依据。《圣经》中多处暗示，理想的国家领导人由上帝选定，其身份并非君主，其政治权力源于人民的拥戴。美国人从《圣经》中找到反对君主政体的有力证据：因为上帝谴责君主政体，认可人民的政府。至于"人权"，更是源自《圣经》中的人权神授观念。《圣经》中说，人与上帝签订契约之时，他便承担起顺从上帝、力求圣洁的义务；如果人信守承诺，上帝将鼓励和支持他。换言之，人的权利是神圣的契约所赋予的，其合法性不容置疑。③

---

① 乔治·马斯登：《认识美国基要派与福音派》，宋继杰译，中央编译出版社 2004 年版，第 97 页。

② 指《旧约》第二卷中，记述古犹太人在摩西率领下离开埃及一事。

③ Gelernter，2007。

在信奉自由民主价值观方面，美国人无论在广度、深度和稳定性上都首屈一指。多次民意测验的结果显示，美国人对自由民主制度的支持率大都超过其人口的75%，在社会上层这一比例往往高达85%。需要特别指出的是，虽然美国社会中广泛且始终存在的对国家和政治的各种不满及异议，但这丝毫不影响美国人在意识形态和价值观念上对美国社会制度的高度共识。针对个体的批评和对于群体的攻击通常具有全然不同的性质。美国人可能会强烈指责甚至抨击某位政治领袖或某届政府之行为，但绝不会质疑或挑战美国的价值基础以及建立其上的自由民主的核心制度体系。在这个国家，涉及政治的不同声音通常会"自觉地"在某个不言自明的边界处销声匿迹。美国人对自由、民主、人权等原则所持有的信念相当坚定。克拉克洪认为，美国价值系统的核心部分和独特性"安如磐石"；李普塞特指出，在美国国民价值系统的主要内容方面，"连续性超过了变化"；弗里和坎特利尔看到，二百多年来，大多数美国人的基本政治信条，在意识形态层面上"几乎原封不动"；迪尔因经过详尽周密的调研，得出了与上述几位学者相同的结论。迄今为止，美国仍然保留着基于同一套政治理念的唯一一部宪法及一种政府体系；而同期的大多数国家则见证了宪政体制的代代更迭。①

美国是一个"郑重关切"所谓"美好"和"高贵"之政治制度的国家。② 美国人对自身制度持有超常的自信和道德优越感，以至于认为它是唯一的最好的制度体系。布尔斯廷声称，美国的民主是"独特的"，它拥有"一种完全属于它自身的'天赋'"。加布里埃尔力图证明美国民主信仰的道德内容具有普遍的合理性。③ 美国人在自身制度优于他国的自信方面具有强烈的共识。在民主及自由市场经济大有独步天下之势的现今时代，福山等人甚至认为人类意识形态的进化已经到达终点，喊出了"历史已经终结"的豪言壮语。④ 这种"单一的、普遍

---

① 亨廷顿：《失衡的承诺》，第 20、24、33、49、83—84 页。

② 施特劳斯指出，哲人不能放弃对政治制度是否"美好"的关切。如果政治制度放弃对高贵价值的关切和决定，就可能制造出一帮邪恶的"好公民"；统治与被统治关系的正当性基于"对于完善一个共同体的郑重关切"，在于"关切生活共同体的美好"；"自由和帝国乃是幸福的要素，或者是达成幸福的条件，是人们所需要的"。参见施特劳斯《自然权利与历史》，第 135 页。

③ 唐纳德·怀特：《美国的兴盛与衰落》，徐朝友、胡雨谭译，江苏人民出版社 2002 年版，第 163、166 页。

④ 弗朗西斯·福山：《历史的终结》，本书翻译组译，远方出版社 1998 年版；《历史的终结及最后之人》，许铭原译，中国社会科学出版社 1993 年版。虽然包括福山本人在内的许多学者都认为《历史的终结》不是一本严格意义上的学术著作，但由于很好地迎合了西方主流意识形态，该书出版后立刻受到传媒超强度的吹捧，被译成二十多种语言，并多次获奖。

的、带有支配性的"政治信念或意识形态，使美国人在制度上难以理解和接受其他可能的选择。① 弗朗西丝·菲茨杰拉德曾直言，美国人将历史的发展看成唯一的直线，而他们自豪地认为自己"作为全人类的代表站在历史发展的最前列"。② 亨廷顿明确指出，对美国人而言，认为自由民主制度本质上并不比其他政治价值更好的观点，有悖于其历史和文化中浓厚的绝对主义因素。在谈到美国人单一的制度信仰时，霍夫斯塔特感叹道，"（在他们心中）没有一些意识形态，只有一种意识形态，这就是我们民族的宿命"③。

依照这套对政治制度进行取舍的意识形态或价值体系，美国人认为不民主、不自由、反人权的制度，即便不是"坏的制度"，至少也是需要被改造的制度。对于那些制度和意识形态与美国不一致的国家，美国人会对其产生本能的警惕甚至敌意。一旦这些"坏的国家"之存在，让美国感受到现实的威胁，它们便很容易被升格为

① 这恰好印证了伯林的结论：民主不一定是多元的，它很可能是一元的，而民主制度也可能是不宽容的。贾汉贝格鲁：《伯林谈话录》，第132—133页。

② 詹姆士·罗伯逊：《美国神话美国现实》，贾秀东等译，中国社会科学出版社1990年版，第7页。

③ 亨廷顿：《失衡的承诺》，第29、266页。

"邪恶力量",成为美国在意识形态上的"敌人"。在西方政治传统中,至少有一大批政治理论家坚信,正义是从区分敌友开始的,政治范畴被定义为敌人与朋友之间意识形态的博弈。① 美国在相当程度上继承了这种带有宗教色彩的政治传统,把作为敌人的"其他"确立为"邪恶者"。威尔逊、罗斯福、杜鲁门、里根以及布什父子等人都曾在不同场合发表过有关"邪恶""其他"的言论。② 艾森豪威尔更是直言不讳地表示:"凡是反民主的

① 卡尔·施米特明确指出,划分敌友是政治的标准,一切政治的概念、观念和术语的含义都包含敌对性。政治必须以自身的最终划分为基础,而一切具有特殊政治意义的活动均可诉诸这种划分。这样的最终划分在道德领域是善与恶,在审美领域是美与丑,在经济领域则是利与害,而所有政治活动和政治动机所能归结成的具体政治性划分便是朋友与敌人的划分。任何宗教、道德、经济、种族或其他领域的对立,当其尖锐到足以有效地把人类按照敌友划分成阵营时,便转化成了政治对立。政治敌人是外人,非我族类;他的本性足以使他在生存方面与"我"迥异。所以,在极端情况下,"我"就可能与他发生冲突。战争作为最极端的政治手段揭示了那种支撑着所有政治观念的可能性,即朋友和敌人的划分。按照施米特的逻辑,区分谁是朋友、谁是敌人,成为事关国家生存的首要问题。卡尔·施米特:《政治的概念》,刘宗坤等译,上海人民出版社2004年版,第106—116页。

② 邪恶(Evil)一词本是宗教术语,该词在基督教中意指"撒旦"及"邪灵",是与上帝代表的"善"势不两立的"恶"势力。刘永涛:《语言、身份建构和美国对外政策话语中的"邪恶论"》,《国际观察》2005年第5期。

就是反对上帝。"①

　　为意识形态敌人贴附"邪恶"标签，对美国来说早已是轻车熟路：冷战时期，美苏之间的对抗被描述成民主力量对专制独裁、资本主义对共产主义、基督教对无神论之间的一场拯救文明世界的斗争。② 随后，米洛舍维奇和萨达姆被妖魔化为"杀人魔王"；伊拉克、伊朗、朝鲜、古巴、利比亚和叙利亚被称作"邪恶轴心"；对阿富汗的战争，以"十字军东征"作为隐喻；在本·拉登问题上，"谁不支持我们，谁就是反对我们"③。小布什总统在就职演说和其他公开演讲中多次表达了如下论调："为自由而战既是我们的责任，又是我们的特权"；"在自由与恐怖、正义与野蛮的长期的斗争中，上帝从来不中立"；反恐是铲除"对民主和自由生活方式的挑战"；美国人的使命是"扫除地球每一角落的专制体制和独裁者"。④

─────────

　　① 转引自于歌《美国的本质：基督新教支配的国家和外交》，第105页。

　　② 罗赛蒂：《美国对外政策的政治学》，第377页。

　　③ 转引自兹比格涅夫·布热津斯基《大抉择：美国站在十字路口》，王振西译，新华出版社2005年版，第29页。

　　④ 转引自傅梦孜《保守主义思潮涌动下的美国霸权外交》，载任晓、沈丁立主编《保守主义理念与美国的外交政策》，上海三联书店2003年版，第212页；布热津斯基《大抉择：美国站在十字路口》，第20页。大量与之相关的表述见乔治·W.布什《2005年第二届就职演说》。

当把"好制度"和"坏制度"、"好国家"与"坏国家"的划分逻辑进一步推及对文明的区分和优劣判定时，便产生了所谓的"文明冲突论"。在许多美国人看来，与他们理想中的社会模式距离甚远的非西方文明不仅仅是异类，而且极可能"其心必异"。亨廷顿等学者有意强调文明之间的差异和冲突。他们声称，以文明和文明冲突为基础的世界秩序正在出现；意识形态和文化上的根本性差异将使"西方"文明与伊斯兰和亚洲等"非西方"文明无法同居一室；西方世界的生存有赖于美国人对"美国信念"的坚持，以及他们对西方文明的重新认同和责任担当。① 如果说亨廷顿等人只是委婉、含蓄、有节制地表达了西方文明"高人一等"的论调，那么施特劳斯相关的表述可算直白、露骨了。在他看来，不同的民族和文明之争不是多元文化之争，而是"高尚与卑劣、美好与丑陋、文明与野蛮之争"②。这种极端的文明划分标准不禁让人联想起欧洲十字军时代的"遗风"：一边是基督教的"文明"世界，另一边是异教的"野蛮"世界，

---

① 塞缪尔·亨廷顿：《文明的冲突与世界秩序的重建》，周琪等译，新华出版社 1999 年版。

② 王公龙：《现实主义与保守主义》，载任晓、沈丁立主编《现实主义与美国的外交政策》，上海三联书店 2004 年版，第 151 页。

上帝的子民需要确立两套不同的规则，来与文明人和野蛮人交往。

在思想领域拥有话语霸权的美国学术界，同样受制于美国人对其制度所具有的强烈道德优势感。它使得美国社会科学理论研究带有很强的宗教意识形态色彩。伊多·奥伦在其著作《美国和美国的敌人——美国的对手与美国政治学的形成》中指出，美国政治学家本能地把政治学与自由、民主等理念联系起来，"宛如他们的讲道代表一门客观科学的戒律"。这使得作为现代政治学主要分支的"美国政治学"形成了如下矛盾形象：一门独立的科学附属于某种特定的理想。美国政治学家将政治学与自由、民主的联系视为先验性而无须赘述的。亨廷顿在美国政治学会（APSA）1987 年的年会致辞中说："没有政治参与就不可能有政治学家"；"民主与政治学之间的关系从来就是紧密相连"。他强调，"哪里的民主强大，哪里的政治学就强大；哪里的民主弱小，哪里的政治学就弱小"。依附于民主的美国政治学无法跳出马克斯·韦伯所说的社会科学知识"总是某特定观点的知识"[1] 这一

---

① Max Weber, 1949, "'Objectivity' in Social Science and Social Policy", in *Max Weber: the Methodology of the Social Sciences*, Edward Shils and Henry Finch (trans. & eds.), New York: Free Press, p. 81.

窠臼。伊多·奥伦认为，现代政治学是以特有的"美国观念"而书，带有鲜明的意识形态性质，其支柱和理想便是"美国"，其貌似客观的理论话语反映了与"他者"，特别是那些成为美国主要敌人的国家身份相关的美国身份的继续重塑。在美国的主要国际冲突中，"政治学的学术性按照极为夸大了两者差异的方式而重塑美国及其敌人"。①

◇◇（五）"救世"情结与普世热情

表面上看美国好像十分尊重多元主义，但在处理对外关系时，其内心深处却有着一种把美国的制度和文化变成一种普世的制度和文化的冲动。美国人将"好"的文化和制度"推己及人"的"救世"情结，深深扎根于基督教的"天命"意识。制度和文化的对外扩张通常被他们理解为是上帝赋予他们的"特殊使命"。基督教是一个救世情结浓厚的宗教。在《圣经》中，由于"神爱每

---

① 伊多·奥伦：《美国和美国的敌人——美国的对手与美国政治学的形成》，唐小松、王义桅译，上海人民出版社 2004 年版，第 1、275 页。

一个人"，所以不愿失去他的任何一只羔羊；100 只羔羊中丢失一只，上帝也要把它找寻回来。① 耶稣对他的弟子说："你们要去使万民作我的门徒……凡我所吩咐你们的，都教训他们遵守"；②"你们是世上的光"，你们的光应当"照在人前，让他们看见你们的好行为"。③ 美国人相信《圣经》所言：作为上帝特别拣选之民族的成员，在那些"后来的日子里"（the latter days），他们将把全世界变成乐园，届时所有信徒都将进入这"新以色列"。

这种救世的使命感，使美国人的天性中有一种所谓的"传教士精神"。海权理论创始人马汉在一个世纪前曾表示，摆在基督教世界面前的重任，就是将包围着它的众多古老的异域文明纳入自己的胸怀，使其融入自己的理念之中。④ 19 世纪作家奥萨利班曾说过，美国是"让人类进步、实现个人的自由和解放的国家"，它"正是为了这一使命而被上帝拣选的"。美国人相信，他们是"将全世界引向正确的宗教和自由的灯塔"，⑤ 是世界的"解

---

① 《马太福音》，第 18 章，第 10 节。
② 《马太福音》，第 28 章，第 19、20 节。
③ 《马太福音》，第 5 章，第 14、16 节。
④ 弗雷德·马汉：《海权论》，中国言实出版社 1997 年版，第 425 页。
⑤ 于歌：《美国的本质：基督新教支配的国家和外交》，第 111 页。

放者"和"救星"。① 他们也因此认为,自己拥有改变世界其他地方行为的权力和职责。② 正如克罗卡特所言:"美国人的观念几乎完全是建立在自行发展起来的道德观念基础上的。他们相信美国例外论,相信美国肩负着为民主做树立典范的特殊使命。一旦走到认为美国就是世界这种地步,种族优越感往往就冒出来了。"③ 历史学家莫雷尔·希尔德也指出:"美国外交事务的出发点就是坚信美国在外部世界关系中被赋予了一种任何其他国家都不具有的特殊使命。"④

特殊使命感使美国人深信,自己不但肩负着建立一个新世界为世界做表率的职责,而且在能力允许的情况下,还承载着向全世界推广其理想信条的重任。在美国人看来,"美国民主制把世界从专制者压迫下解放出来的使命正是基督教注定把世界从撒旦统治下拯救出来的世

---

① 刘易斯·哈茨:《美国的自由主义传统》,中国社会科学出版社 2003 年版,第 34 页。

② 沃尔特·米德:《美国外交政策及其如何影响了世界》,曹化银译,中信出版社 2003 年版,第 148 页。

③ 克罗卡特:《国家间政治》,第 251 页。

④ Morrell Heald and Lawrence S. Kaplan, 1977, *Culture and Diplomacy: The American Experience*, Westport, CT: Greenwood Press, p. 4.

俗表达"①。在现实世界中，旧日清教徒的宗教使命逐渐被自由、民主和人权等同样体现着宗教热情的世俗政治使命所取代。在这种深切关注中，最为突出的莫过于如何实现全人类的自由和民主。威尔逊总统明确并正式将这种制度意识形态向全球扩张的热情公之于世之时，始终并经常将《圣经》、神圣使命和美国式的犹太复国主义所宣扬的观点作为依据。他不断重复地表达着如下信念：既然美国已经成长为一个世界强国，那么它必须为把象征着自由、民主和平等之理念的"美国主义"推向全世界而战斗到底。他试图把全球责任的思想融入"美国主义"的内涵之中，并指出，真正的美国信仰不但是要对全人类负责，并且必须依照美国式的犹太复国主义行为准则在全球推广其信条。②

对自身制度的道德自信，使美国人将自由民主制度和观念看作终极的、普世的制度，是人类社会放之四海而皆准的价值原则。而基督教的"救世"情结，又让他们把推广这套"理想"的制度和价值观作为自己责无旁

---

① Ralph H. Gabriel, 1940, *The Course of American Democratic Thought: An Intellectual History Since 1815*, New York: The Ronald Press Co., p. 37.

② Gelernter, 2007.

贷的使命。① 于是，在全世界推进美国的自由民主制、用美国的模式改造世界，成为美国对外行为的一个重要目标。这体现了美国价值观的普世性与世界合理价值观的一元性。② 著名的自由女神像的碑文上刻着如下文字："将你的疲惫、贫困交付与我，享受自由的呼吸"，这表达了一种美国式的"好善乐施"。亨廷顿指出："美国人认为有必要在自己与其他社会的关系中以及在那些社会内部倡导他们在美国国内所追求的道德主义目标。"③ 因为在他们看来，部分人类正在苦难中呻吟，渴望得到"解救"。他们肩负着上帝赋予的重任，把那些受到"专制政府"压迫和奴役的"落后"民族的人民以及深受"外国支配"之苦的人民"拯救"出来，不让世界沦为"人类自由的巨大墓地"。④ 自 20 世纪美国拥有改造并支配世界的能力后，每位处于领导地位的美国政治家都或多或少地以富布莱特在《帝国的代价》一书中批判和反思的方式考虑国际问题，即认为美国"有进行干涉和维

---

① 罗伯特·麦克纳马拉：《威尔逊的幽灵》，张立平译，世界知识出版社 2004 年版，第 1 章。

② 张铁军：《威尔逊主义与美国战略文化》，载任晓、沈丁立主编《自由主义与美国外交政策》，上海三联书店 2005 年版，第 125—126 页。

③ 亨廷顿：《我们是谁：美国国家特性面临的挑战》，第 67—68 页。

④ 亨特：《意识形态与美国外交政策》，第 182—183、207 页。

持秩序的责任,有在世界范围内推行和执行发展和民主化计划的责任"①。正如基辛格在《大外交》一书中所总结的那样:"相对其他大部分国家而言,美国更多地把对外政策建立在原则的基础上",因为"美国的价值观使美国人自认为有义务向全世界推广这些价值观"。②

在公开场合,美国政治领导人不厌其烦地重复着美国"拯救"世界的责任。罗斯福明确声称:"民主必将传播开去,取代其他统治人民的方法。"③ 杜鲁门表示,美国这个"历史上最伟大的、太阳底下最伟大的"共和国"承担了世界的领导责任";它"不但要为自己而且更要为全世界人民谋求繁荣与昌盛"。④ 肯尼迪满怀激情地宣告:"应让每一个国家明白,不论它希望我们走运或倒霉,我们将付出任何代价、承担任何重负、克服任何艰难、支持任何朋友、反对任何敌人,以确保自由的存

---

① 威廉·富布莱特:《帝国的代价》,简新芽等译,世界知识出版社1991年版,第116页。

② 亨利·基辛格:《大外交》,顾淑馨、林添贵译,海南出版社1997年版,第2页。

③ 亨特:《意识形态与美国外交政策》,第155页。

④ 怀特:《美国的兴盛与衰落》,第7—8页。

在和成功。"① 尼克松告诫道：如果"世界上最强大的国家——美利坚合众国像一个可怜的、绝望的巨人那样行动，极权主义与无政府主义的势力就将威胁到全世界所有的自由国家与自由制度"；"美国无法忠实它的传统，除非它同那些为争取自由与人类尊严而斗争的人们始终并肩战斗"。② 里根也曾郑重保证，美国必将成为"自由的典范"和"希望之光"。③ 小布什更将美国的职责定位于"运用自己的道德与物质资源，以促进民主与和平"，并相信美国"有责任也有机会进行领导"，除美国外"没有其他国家能担当这一职责"。④ 2002 年 9 月，小布什政府公布的《美国国家安全战略报告》的开篇部分就指出，"这个国家的伟大力量必须用来促进有利于自由的均势"，以"帮助世界变得不仅更加安全而且更加美好"。⑤

---

① 黛安娜·拉维奇编：《美国读本：感动过一个国家的文字》，林本椿等译，生活·读书·新知三联书店 1995 年版，第 730 页。

② 亨特：《意识形态与美国外交政策》，第 197—198 页。

③ 罗纳德·里根：《1981 年第一届就职演说》，载郑启梅编译《美国总统就职演说集》，武汉测绘科技大学出版社 1991 年版，第 367 页。

④ 理查德·哈斯：《新干涉主义》，殷雄等译，新华出版社 2000 年版，第 216 页。

⑤ The White House, 2002, *The National Strategy of the United States of America*, p. 1, http://www.whitehouse.gov/nsc/nss.html.

这种由来已久的救世心态，使渴望以"美国道路"重塑其他民族和国家都觉得顺理成章。美国的所谓"自由派"和"保守派"至少在这一点上趋于一致，他们都相信美国的价值观具有普世性，都致力于推进美国自由民主制度的输出事业。① 美国思想界的主流将财产私有制、人权为有机组成部分的民主政治看作人类政治制度发展的最终形式，甚至认为民主制度是接受神恩的一种最理想的社会形态。② 福山的话或许代表了这一心声："我们也许正在目睹……人类意识形态进化的终点，西方的自由民主普世化为人类政府的最终形式。"③ 美国不断地敦促世界其他国家效仿和跟随美国的制度和价值观，力求以此同化或消除国际社会中"异己"的成分。在这一过程中，诚如卡特所言，"道德原则成为美国行使其武力和扩大其影响的最好基础"④。正如哈茨所指出的那样，

---

① 赵可金：《挑战与修正：自由主义与美国外交政策的走向》，载任晓、沈丁立主编《自由主义与美国外交政策》，上海三联书店 2005 年版，第 183 页。

② 罗伯特·诺齐克：《无政府、国家与乌托邦》，何怀宏等译，中国社会科学出版社 1991 年版。

③ 福山：《历史的终结》，第 4 页。

④ 吉米·卡特：《保持信心》，裴克安译，世界知识出版社 1986 年版，第 129 页。

由于信奉绝对的道德精神，在世界舞台上，美国会自觉
不自觉地去重构它力图避免的、真正异己的东西。① 王缉
思也指出，以自由权利为核心的意识形态是美国霸权的
主要思想基础，而民主制是这套高度统一的价值观的制
度基础；在对外行为中，它们将以美国民族主义的形式
表现出来。② 索罗斯同样看到，美国对外霸权主义意识
形态建立在宗教一元论和由此产生的制度优越感上，其
逻辑在于：因为美国证明自己比其他国家更强大、更成
功，所以它必然掌握唯一真理。美国霸权主义者声称
"自由""民主"终将获胜，其实质含义是说，在与
"敌人"的对决中，美国终将获胜。这种宗教和制度原
教旨主义意识形态，体现在小布什时期的美国国家安全
战略中。它丝毫不加掩饰地宣称：20 世纪自由和集权
主义之间的伟大战争，以自由力量的决定性胜利而告
终；这昭示了自由、民主和自由企业制度是国家成功模
式的唯一选择。③

当宗教的排他性和普世情绪在部分人群中发展到极

---

① 哈茨：《美国的自由主义传统》，第 256 页。

② 王缉思：《美国霸权的逻辑》，《美国研究》2003 年第 3 期。

③ 乔治·索罗斯：《美国的霸权泡沫——纠正对美国权力的滥用》，燕
清等译，商务印书馆 2004 年版，第 16—17 页。

端状态时，国家行为便表现为一种对道德普遍主义的极力推崇，对自认为适用于一切社会的政治制度和超越历史、民族、文化传统的普遍价值的强烈信奉。① 这种宗教狂热情绪体现在对外战略目标上，就是前美国国务卿赖斯所说的："要在世界范围内支持民主、结束暴政、把世界所有国家都改造成美国那样的民主国家。"② 里根曾扬言："我们没有权利颠覆一个民主国家，但是我们有权利颠覆一个非民主国家。"③ 奥尔布赖特在任职国务卿期间，宣布民主是为她指明方向的"北极星"，并于 2000 年 6 月邀请世界上所有民主国家在华沙集会。其间，不愿或不能向民主规则转型的国家面临的是孤立和制裁，甚至面临美国的炸弹和军队。④ 小布什宣称："美国的国家安全战略是建立在两个支柱上的：第一根是促进自由、公正和人的尊严，即为结束暴政、推进有效的民主、扩展

① 施特劳斯：《自然权利与历史》。

② 语自赖斯 2006 年 1 月在乔治敦大学的题为《布局调整——美国的转型外交》的演讲。

③ 转引自肯尼思·华尔兹《冷战后的结构现实主义》，载约翰·伊肯伯里主编《美国无敌：均势的未来》，韩召颖译，北京大学出版社 2005 年版，第 53 页。

④ 查尔斯·库普干：《美国时代的终结：美国外交政策与 21 世纪的地缘政治》，潘忠岐译，上海人民出版社 2004 年版，第 68—69 页。

繁荣而工作；第二根是通过会集正在成长的'民主共同体'来应对我们时代的挑战"；"我们这个世界中最佳结束暴政的目标，是美国的政策。……我们的政治家的目标，就是帮助创建一个民主的、良好治理的世界。"① 他将夏兰斯基的《论民主：自由征服暴政与恐怖的力量》一书视为自己的"精神基因"和"思想哲学"，并称此书为其外交政策的"思想基础"。该书的核心思想正是：自由具有巨大的威力，可以将所有暴政社会改造成自由社会；只有自由社会才可能实现民主，只有民主国家才可以维持和平；以美国为首的西方国家应该将推行自由与民主作为外交政策的首要目标。②

美国人以拯救者的心态，迫使其他国家选择民主和自由制度。他们从未停下来认真地问一问这些国家，它们是否需要这些东西。美国人确信，他们的价值是最道德、最有效的，如果他们不坚持让这些国家选择以这些价值为指导的政治体制，那么在道义上就是不负责任。这种可以被称为"美国式的帝国主义"和"牧师原则"

① The White House, 2006, "The NSS of the USA," www. whitehouse. gov/nsc/nss/2006.

② Natan Sharansky and Ron Dermer, 2004, *The Case for Democracy: The Power of Freedom to Overcome Tyranny and Terror*, Public Affairs.

相混合的思维方式，在把自己的价值和制度强加给其他社会的同时，也在一定程度上让美国人获得了宗教意义上的道德满足。

三

商业理念与现实利益

美国在信奉基督教并受其激励的同时，又是一个非常注重现实利益的国家，后者集中体现为思维定式与行为习惯中的商业理念或商人心态。具体来说，美国人，尤其是社会上层人士，他们注重经验，追逐财富，讲求实效。美国人的这种行为方式，在哲学上表现为实用主义，在现实生活中表现为福利至上，在国际关系领域中表现为现实主义。

◈（一）实用主义哲学

亨廷顿看到了美国人的两面性，说他们既是一帮高举理想主义旗帜的人，又是一群高度实用主义的家伙。[①]

[①] 亨廷顿：《失衡的承诺》，第 106 页。

理想主义和实用主义这两种观念看似矛盾，其实各有其独特的功能。在美国，这两套思维方式分别在价值和行动两个不同层面上发挥它们各自的作用。如果说价值诉求处理的是精神层面的问题，那么实用主义理念的目标，则是为了在"绝对自由主义信仰"的基础上"解决实际问题"。正如哈茨谈到实用主义哲学在美国土壤中的成长优势时所说的那样："当你认为你的道德不成问题时，所有的问题便呈现为方法问题。"①

实用主义哲学思想产生于19世纪末的美国，它是地地道道的"美国本土哲学"。"实用主义"源自希腊文"行动"一词，意指通过实践的效果来解释观念的方法。实用主义作为一种注重行动和效用的哲学理念，虽然其中部分思想源于欧洲先哲们的灵感，但它最终，也唯有在美国才形成了独立的哲学体系。实用主义哲学自其诞生之日起，便在美国受到了高度重视，并迅速占据了哲学的主流地位。皮尔斯首先提出了实用主义的基本原理，詹姆斯将它系统化并推广到社会领域。詹姆斯被视为实用主义哲学的真正奠基人和美国哲学的创始人。他在其经典著作《实用主义》一书中，系统地论证了实用主义

---

① 哈茨：《美国的自由主义传统》，第8—9页。

的主要原理。詹姆斯继承了皮尔斯的真理观，认为实用
主义是一种确定真理的方法。在他看来，真理是人为了
方便而做出的假设，因此对真理的判断不是先看原则，
而是看其最终的效果；真理是行动的工具，人掌握真理
本身不是目的，而是因为真理是有用的，它能引导人达
到目的。杜威进一步发挥了思想作为工具的意义和过程，
将他的实用主义称为"工具主义"。他将思想看作人应付
环境的工具。而真理作为思想观念的一种形式，也和其
他工具一样，不过是为了追求成效而做出的有效假设。
杜威认为，思想起源于疑难，最终也是为了解决疑难。
由于把实用主义基本理论成功运用到政治、教育、社会
学等领域，并积极参与社会改革，杜威因此成为实用主
义大师中名气最大的一位。[①] 21 世纪初，美国政府专门投

---

① 参见威廉·詹姆斯《实用主义》，陈羽纶和孙瑞禾译，商务印书馆
1979 年版；约翰·杜威：《经验与自然》，付统先译，商务印书馆 1960 年版；
《哲学的改造》，许崇清译，商务印书馆 1958 年版；《杜威文选》，涂纪亮译，
社会科学文献出版社 2006 年版。在杜威看来，疑难的解决过程服从于他所归
纳的"思想五步说"：(1) 疑难困境的出现；(2) 确定疑难所在；(3) 假设
解决疑难的种种方法；(4) 分析比较这些方法可能产生的结果；(5) 证实假
设，若不适用便为谬误，或适用便为真理，疑难得以解决。之后，弗里德曼
等学者把实用主义和工具主义的研究方法，引入经济学方法论的讨论中。他
的经典论文《实证经济学的方法论》对经济学的研究方法影响很大。参见米
尔顿·弗里德曼《实证经济学的方法论》，《弗里德曼文萃》，胡雪峰和武玉宁
译，首都经济贸易大学出版社 2001 年版；马克·布劳格、罗杰·巴克豪斯：
《经济学方法论的新趋势》，张大宝等译，经济科学出版社 2000 年版。

资出版了完整的皮尔斯、詹姆斯和杜威等实用主义哲学大师的文集。时至今日，它仍然是一股充满活力的社会思潮，在可预见的未来，它将继续在美国人的生活中发挥重要影响。对他们思想的研究和讨论，在美国学界是从不过时的工作和话题。

简单地说，在认识论上，实用主义者将实际效果作为真理的检验标准；在方法论上，他们把作为人类认识对象的自然、知识和思想看作有效的工具或手段。借用钱满素的概括，美国实用主义的精髓有四点。其一，以人为本的经验主义。人不仅是认识的主体，更是行动的主体；价值的最终判断在于是否有利于人，是否令人满意。其二，思想是人应付环境的工具。思想和一切工具一样，价值不在其本身，而在于它们所能产生的结果和功效，在于使人更好地对环境做出反应。其三，真理是有效的假说。真理是为了方便而进行的假设或约定；作为思想的一种形式，真理也是为了行动和目的而采取的有效工具；效用是衡量一个观念或假设的真理尺度，"真理即有用，有用即真理"。其四，社会渐进的改善主义。①

任何一种能造成巨大社会影响的哲学思潮，其产生

---

① 钱满素：《美国文明》，第 426—431 页。

和被接纳都必须具备成熟的社会和思想条件，实用主义
也不例外。实用主义能够在美国生根发芽、茁壮成长，
并成为美国居于主导地位的哲学流派绝非偶然。美国三
百多年从无到有的创业历史和美国社会务实的风尚，为
实用主义得以产生和发展提供了丰厚的土壤。① 实用主义
的思维方式在美国人的观念中根深蒂固，它体现在美国
人的如下认知中：一切选择或行动，都要讲求工具性和
效率；只要目标被认为是合理的，手段也就自然有了合
理性。康马杰指出，实用主义的这些特点反映了美国民
族的特性，这也是实用主义哲学在遭到势力更为强大的
哲学思潮"排炮般的攻击"后仍然日益壮大并最终成为
美国公认之哲学的根本原因。对美国人来说，实用主义
似乎就意味着常识，其印记体现在美国政治、经济、文
化和教育等诸多领域。②

　　托克维尔特别谈到了美国人现实的一面："在美国，
人们几乎绝口不谈德行是美的，他们只相信德行是有用
的，而且每天都按此信念行事"；"他们喜欢用利益的原
则（托克维尔将其称为'正确理解的利益'）去解释他

---

① 钱满素：《美国文明》，第 420—421 页。
② 康马杰：《美国精神》，第 5 章"威廉·詹姆斯与实用主义的影响"。

们的几乎一切行动，自鸣得意地说明他们的光明磊落的自爱是怎样使他们相互援助和为国家的利益而情愿牺牲自己的一部分时间和财富的。"托克维尔同时看到了美国人对现实利益的理解与他们的宗教信仰之间相互调和的一面。他认为没有可靠的根据说利益的原则会使人远离宗教信仰。恰恰相反，他倒觉得有明确的理由说这个原则会使人接近宗教信仰。美国人的实用主义理念与基督教信仰之所以能够并行不悖，是因为他们相信，宗教信仰在某种意义上可以促进现实利益的实现。对美国人而言，即便是对上帝的侍奉，也是要讲求工具性和效率的。① 对此，托克维尔还提出了如下洞见："美国人不仅是基于利益而信奉宗教，而且往往是把他们从宗教当中可能获得的利益放在现世。在中世纪，神职人员张口就是来世……美国的传教士却不断提醒信徒注意现世的幸福；他们只有经过一番巨大努力，才能使信徒的视线不看现世。他们为了打动听众，总是向听众说明宗教信仰如何有助于自由和公共秩序。在听他们布道的时候，使人经常难于辨认宗教的主旨是求来世的永远幸福还是求

---

① 康马杰：《美国精神》，第9—10页。

现世的康乐。"①

美国人的实用主义态度最明显地表现在对某些重大原则问题的灵活处理上。所谓美国式的"政治实用主义",其内涵在于人们内心相信一套原则,但实际执行中却并不固守之,只要在彼时彼景被认为是必须的,原则就可以背离。②桑巴特曾总结到,尽管美国人以重视道德原则自居,但他们实际上并不教条;当原则妨碍他们迈向前进时,他们随时准备牺牲原则。③美国政治人物在处理其信仰、原则与现实政治的关系时,往往表现得游刃有余。以推行"人权外交"闻名于世的卡特总统,被公认是美国历史上宗教信仰最虔诚的政治领袖之一。鲍威尔曾对卡特做出如下评价:不管作为公民还是总统,"他所做的一切都受到他的宗教信仰的影响",因为"宗教信仰已是他个性和世界观不可分割的部分"。然而即便如此,鲍威尔却特别强调:"我从来不记得他以宗教信仰为由作过某项决定";在椭圆桌办公室里,他俨然是"一个

---

① 托克维尔:《论美国的民主》,第 651—653、657—658 页。

② 董秀丽主编:《美国外交的文化阐释》,知识产权出版社 2007 年版,第 87—88 页。

③ 维也纳·桑巴特:《为什么美国没有社会主义》,赖海榕译,社会科学文献出版社 2003 年版,第 24 页。

严谨认真的商人"，同时又是一位富有"经验的务实的政治家"，其政策的制定过程是"深思熟虑的，务实的，有时还与宗教考虑相违背"①。

美国培养领导者的方式也脱离不了实用主义原则。美国陆军西点军校对未来领导者的下述教育理念，充分体现了实用主义哲学骨子里的功利性、权宜性和妥协性。其一，注重道德和价值的灌输。西点相信，组织犹如个人，"只有在道德原则的指导下，才能履行其最高职能"，而"创造这种特殊的高性能的组织，要求其中每个成员都牢记同样的基本原则"②。反复向未来领导者强调道德的重要性，不仅因为"正直对人有益"，更是为了让道德有效地为目标的最终实现服务。其二，在强调规则的同时最大限度地培养领导者的创新性和对规则的变通能力。

---

① 哈切森：《白宫中的上帝》，第 135—136、154—155 页。
② 《西点领导课》一书的开篇便告诉读者："在美国所有的财富 500 强企业中，人们学到的都是行为准则。而在西点，人们学到的是品德。"在书中，作者多次提到道德教育对领导者的重要性："学员的道德教育以规则——荣誉法则——为起点。……荣誉法则是西点所有领导力课程中最基本的……它是所有陆军军官共同价值体系的关键。""倘若要造就有德的国家，就必须有无数有德的组织，有德的组织总是以有德的领导者为首。这就是为什么西点尝试培养的不仅仅是领导者，而且是有德的领导者。"拉里·杜尼嵩：《西点领导课》，杨钐译，中国社会科学出版社 2005 年版，第 3、45、61 页。

西点用"规则——尤其是领导规则——搭建了一个舞台"，并教给学员如何在这个规则舞台上，展开"独创精神、忠诚以及强者之间的合作"。为此，西点课程"精心设计了一个建设性的程序，同时鼓励两种看似矛盾的行为：服从和主动"，让学员充分领悟命令的严格执行与自主创造性之间的微妙关系和灵活尺度。[①] 其三，训练学员对不同原则划分层次和排序的能力，并教会他们在必要时向道德和价值妥协。西点在强调德行教育的同时，也告诉其学员道德和善的规则并非一成不变，因为"在纷繁复杂的实际生活中，单独出现时都很完美的道德原则之间，可能会发生冲突"。西点经常在课堂上训练未来领导者，让其对道德伦理和原则进行排序和抉择。这类课程设置的目的是使学员对深奥难解的道德困境进行思辨异常敏感，并要求未来的领导者必须在复杂的、充满价

[①] 《西点领导课》一书的开篇便告诉读者："在美国所有的财富500强企业中，人们学到的都是行为准则。而在西点，人们学到的是品德。"在书中，作者多次提到道德教育对领导者的重要性："学员的道德教育以规则——荣誉法则——为起点。……荣誉法则是西点所有领导力课程中最基本的，……它是所有陆军军官共同价值体系的关键。""倘若要造就有德的国家，就必须有无数有德的组织，有德的组织总是以有德的领导者为首。这就是为什么西点尝试培养的不仅仅是领导者，而且是有德的领导者。"拉里·杜尼嵩：《西点领导课》，杨钐译，中国社会科学出版社2005年版，第4、20页。

值冲突的情境下做出决策。为了走出伦理困境，西点学员必须"为了保全某一原则而违反另一法则"。在这样的情形下，他们受到的教导通常是接受边沁和约翰·密尔所主张的功利主义原则。①

实用主义原则同时也是美国法理学正统观念的核心。印第安纳历史系教授王希指出，美国的宪法是一部不断适应时代需要、具有生命力的"活宪法"，它创立了一套利益谈判和妥协的政治机制。在美国二百多年的历史中，不同的利益群体因瞬息万变的历史环境，利用宪法衍生的宪政机制，就各自的利益相互进行着不曾间歇的谈判与妥协。谈判和妥协的结果使旧的宪法原则和实践得以修正，新的原则和实践从而产生。②自20世纪至今，社会法理学一直是美国最高法院的官方理论。它认为法律是基于经验并为实用性而制定的；法律应根据具体目的而非其起源而被理解，应依据满足社会需要的程度来判断其优劣。③对法理学界产生巨大影响的法学大师罗斯

① 拉里·杜尼嵩：《西点领导课》，杨钐译，中国社会科学出版社2005年版，第97—100页。

② 王希：《原则与妥协：美国宪法的精神与实践》，北京大学出版社2000年版。

③ 康马杰：《美国精神》，第559—560页。

科·庞德，毕生都在努力将实用主义原则彻底融入美国
的法哲学思想中。他明确指出，法律必须稳定，但不能
一成不变。法律是一种变化过程、一种处理事物的行动，
而不仅仅是一堆知识或一种结构的固定顺序，它不像被
动的工具那样按照永远不变的指定方式运转。司法活动
应当积极回应社会环境的变化和社会现实的需求。法官
首要应当考虑的问题是利害关系和社会需要而非抽象的
权利，是必须加以保护或予以满足的对象，而不是将制
度本身的存在当作终极目的。① 美国最高法院法官奥利
弗·霍尔姆斯和其继任者本杰明·卡多佐被认为是英语
世界有史以来最著名的法官，他们也都极力推崇实用主
义社会法理学精神。霍尔姆斯认为，法律的生命从来不
是逻辑推理，而是经验。通过它，人们可以感觉到时代
的需要、流行的道德和政治理论、公开承认的或无意识
的对政府政策的直觉认识，甚至是法官与其同胞们共同

---

① 关于罗斯科·庞德的主要法学思想可详见他的《法律史解释》，邓
正来译，中国法制出版社 2002 年版；《法律与道德》，陈林林译，中国政法
大学出版社 2003 年版；《普通法的精神》，唐前宏译，法律出版社 2001 年
版；《法的任务》，伍守龚译，台北协志工业丛书出版股份有限公司 1960 年
版；Roscoe Pound，1938，*The Formative Era of American Law*，Boston：Little
Brown；1954，*An Introduction to the Philosophy of Law*，New Haven：Yale Uni-
versity Press。

具有的偏见。法学研究的重点应是，根据精确的衡量来明确种种社会愿望，并从这些社会愿望出发来确立法律的基本原则。① 卡多佐在霍尔姆斯和庞德理论的基础上，进一步深化和扩展了实用主义法学思想。他认为法律需要一种哲学，来调和稳定与进步这两种相互冲突的社会要求，并为法律提供一种成长的原则。法律的生长是一个适应、调整和不断修正的过程。在这一过程中，法律若要延续其生命，就必须找到某种妥协之道。所以，法官在做出具有生命力的判决时，不能也不应当完全受逻辑和历史的摆布。在选择决定结果时，社会效用应被充分考虑，客观存在的时代风俗习惯也可以恰当地使法律天平向着有利于一方而不利于另一方的方向倾斜。② 这些不囿于一成不变的规则、强调顺应历史潮流和具体环境的变化、有意迎合特定社会利益的法学思维，反映了美国实用主义的精髓。

美国人实现目标的过程和方式同样受实用主义思维

---

① 有关奥利弗·霍尔姆斯的社会法学理念详见他的《普通法》，冉昊、姚中秋译，中国政法大学出版社 2006 年版；《法律的生命在于经验：霍姆斯法学文集》，明辉译，清华大学出版社 2007 年版。

② 本杰明·卡多佐的法律思想详见其《法律的生长》，刘骁军译，贵州人民出版社 2003 年版；《司法过程的性质》，苏力译，商务印书馆 1998 年版；《法律科学的悖论》，董炯、彭冰译，中国法制出版社 2002 年版。

方式的影响。他们通常认为，只要目标是理想的、崇高
的，为达到目标就可以不必过多考虑手段的合理性。原
则和范畴是宗教价值体系需要解决的问题，而实用主义
哲学方法则侧重关注手段的选择和最后的效果及事实。
维系着自由、民主、人权等价值原则的"美国信念"和
"美国梦想"，是在宗教理想主义和实用主义哲学嫁接的
树上开花结果的。实用主义正是"美国精神"和"美国
梦想"在操作层面的哲学理论概括。在这一维度中，"美
国精神"被定义为：注重自由社会的价值理想和自由个
性，崇尚实用技术理性，关注现实生活问题；"美国梦
想"的含义也在于：人们可以用他们喜欢的任何方式来
追求幸福，只要方式是合法的；有时候，即使方式不合
法也行得通。[1] 实用主义哲学理念不但影响个人的选择，
它同样在政治领域影响着美国的国家行为。伯恩斯指出，
美国的政治传统是建筑在实用主义的意识形态之上的。[2]
美国轮流执政的两党，其政治纲领也都是从实用主义出

---

[1] 伊恩·布鲁马：《褪色的亲美情结》，《环球视野》2005 年 1 月 11
日（摘自美国《基督教科学箴言报》）。

[2] 詹姆斯·伯恩斯等：《民治政府》，陆震纶等译，中国社会科学出版
社 1996 年版，第 241 页。

发的。[①] 在价值原则确定的情形下，美国是一个善用技术方法来解决具体问题的国家；而在方式或手段的选择上，除了注重实效之外，它很少受其他原则的约束。

◈（二）福利至上原则

在激烈的市场竞争环境中，美国走过其由弱渐强，不断开拓进取的百余年历史。从某种意义上讲，它是人类历史上唯一一个由独立商人阶层组建的国家，其商业精英团体的强大先于中央政府的成立。自哥伦布发现美洲大陆之后，以英国为首的欧洲各君主为谋求自身和国家的商业利益，鼓励本国商人移民北美开拓殖民地。在远离母国政治控制和行政管辖的新大陆，北美商人逐渐发展、壮大成为独立的利益阶层。在经过一系列成本—收益核算后，北美商人发动革命，脱离母国而独立建国。由于美洲殖民地原本主要因商业利益而存在，而民族国家的成立更是以独立商人阶层的利益需求为目的并基于商业计算的结果，因此美国自始便是一个以商业精神为

---

① 张立平：《美国政党与选举政治》，第 141—143 页。

特征的国度。

在唯"利"是图的历史和社会背景下，不但讲究实效的功利主义行为准则成为美国社会的普遍认同，而且财富被视为权力和威望的象征，以及成功的标志。美国人不仅不会为自己追求财富的欲望感到羞耻，他们更视赢利赚钱、发财致富为最高的道德理想和实现自身价值的最重要的手段。康马杰曾谈到，美国人的文化是"物质性"的。他们不但认为物质生活舒适是理所当然之事，而且通常怀着优越感去看待那些生活水平不如自己之人；他们喜欢实实在在的财富，不追求浮夸虚饰；他们习惯于物质繁荣，对任何有碍于此之举都会表示愤慨，对但凡有利于增加财富的事均心向往之；他们有很强的数量观念，通常以物质价值作为唯一的量化标准，来衡量个人之价值。[①] 桑巴特注意到，与欧洲社会精英倾向于政治领域的偏好不同，美国社会最优秀、最具活力人物的首选往往是投身于商业、金融业界。[②] 托克维尔也敏锐地观察到，最能触发美国人激情的不是政治，而是商业；确切地说，美国人把商业习气带入了政治生活。托克维尔

① 康马杰：《美国精神》，第7—8页。
② 桑巴特：《为什么美国没有社会主义》，第25页。

还描述了美国各阶层对于物质财富的顶礼膜拜。他写道:"在美国,对于物质福利的热爱并不是个别的,而是普遍的。"追求物质享乐的激情首先始于美国的中产阶级,并"随着这个阶级的发展而发展,随着这个阶级的强大而强大,随着这个阶级的占有优势而占有优势"。对于美国社会下层的贫穷公民来说,"没有一个不对富人的享乐表示向往和羡慕,他们的想象力也从未离开命运使他们未能得到的财富"。至于社会上层的富有之人,"没有一个对物质享乐表示傲慢的轻视"。即使是那些"依靠继承遗产和毫不费力就过上富裕生活的人",对于追求物质生活的兴趣也丝毫不减。托克维尔最后总结道:对物质财富的喜爱,在这个国家是"全国性和居于统治地位的爱好",人心所向的"这股巨流把所有的人卷进它的狂涛"。①

这种对财富所表现出的全民热情,决定了美国是一个以经济利益为主导的国家。② 不仅如此,它常常在追求物质财富方面表现得无所忌惮。许多美国人甚至认为,这个国家的主要功能便是帮助个人创造财富和保障财

---

① 托克维尔:《论美国的民主》,第 659—661 页。
② 约翰·戈登:《财富的帝国》,董宜坤译,中信出版社 2007 年版。

产。① 美国人从拜物主义的角度，不断地强调着财富积累的必要性，并将国家对财富无止境的追求与国家兴衰的命运直接联系起来。这类观点的代表人物之一查尔斯·比尔德称，不论是专制国家还是民主国家，都必须确保使自己拥有维系其自身生存的足够的经济保障；否则的话，它一定会像许多帝国已经经历的那样逐渐萎缩下去。他继而指出，生产系统提供的不只是基本的力量，它还是决定国家在国外发展之前景的根本。在《国家利益的观念》一书中，比尔德为以财富积累为目标的国家商业扩张行为做出了功利性的辩护。他写到，政府不是一架在真空中凭借自身的能量独立运转的引擎，它通过身居要职的人们所拥有的共同观念以及这些人之间的关系，与一种利益经济紧密联系在一起。统治者必然信奉一种以个人发迹为目标的人生哲学并视之为国家利益，这是由为获得优势、原材料和市场而激烈竞争的现代经济之特性所决定的。②

除了个人及国家对财富本身的强烈偏好之外，美国

---

① 伯恩斯等：《民治政府》，第 247 页。

② Beard, Charles A., 1934, *The Idea of National Interest*, New York: Macmillan.

人在获取财富的方法上，也持有强烈的机会主义态度和强权思想。当年的美洲移民来到新大陆时，面临着种种难以预见的风险和振奋人心的机遇。边疆的无限财富和商机具有高度的开放性。在竞争中，那些勇于奋斗、敢于冒险与拼搏的人，可以凭借自己的力量，而非继承而来的祖荫发迹。因此，在权力和财富的竞争中，美国人信奉的是强者生存、赢者得利的"社会达尔文法则"。19世纪中叶，达尔文发现了生物界里的随机变异、自然选择、适者生存的进化规律。他进而认为，地球上的生物，随着环境的变迁，呈现由低级生命形态向高级生命形态逐渐进化的必然趋势。① 没过多久，赫伯特·斯宾塞创新性地将达尔文生物进化论系统地运用到其早先提出的社会进化理论中。他认为，社会有机体可以和生物有机体相比拟，社会的进化过程同生物进化过程一样，也遵循"物竞天择、优胜劣汰、适者生存"的自然法则。作为社会学的基本现象，生存竞争法则既适用于人与人之间，也适用于种族之间以及国家之间的相互关系，它是社会

---

① 查尔斯·达尔文：《物种的起源》，周建人等译，商务印书馆1963年版。

发展和人类走向终极理想境界的规律。[①] 与斯宾塞同时代的生物学家赫胥黎，也根据自然界的"食物链"现象，提出了"弱肉强食，物竞天择，适者生存"的观点，并以此解释社会现象。[②] 这些我们今天称之为"社会达尔文主义"[③] 的哲学，其间蕴涵着一种个体成功实乃最终道德判定准则的伦理观。

斯宾塞等人的上述观点产生于英国，却盛行于同时代的美国。它们不但征服了普普通通的美国人，而且深受美国思想界的青睐。斯宾塞在当时的美国"享有的至高无上的权威是英王乔治三世（1738—1820）无法与之比拟的"。美国人甚至授予他"旷古未有的最富有智慧的

---

① 斯宾塞将社会有机体与生物有机体进行了六项类比，并得出了三个结论：（1）社会是一个体系，一个由相互联系的各个部分构成的紧密整体；（2）这个体系只能从其结构运转的意义上去理解；（3）体系要存在下去，它的需求就必须得到满足。参见郝伯特·斯宾塞《社会学研究》，张红晖、胡江波译，华夏出版社 2001 年版；《社会静力学》，张雄武译，商务印书馆 1996 年版。

② 赫胥黎：《天演论》，严复译，商务印书馆 1981 年版。

③ 美国学者霍夫施塔特在其 1944 年的著作《社会达尔文主义与美国思维》中，正式提出并使用了"社会达尔文主义"这一学术名词，明确地将社会达尔文主义与美国资本主义竞争联系起来。Richard Hofstadter, 1944, *Social Darwinism in American Thought*, *1860 - 1915*, Philadelphia：University of Pennsylvania Press.

哲学家"之美誉，认为"他的天才超过亚里士多德和牛顿，就像电超过传信鸽一样，带给人类的启示比来自西奈（指《圣经》中上帝授摩西十诫之处）的启示更为灵验"①。

尤曼斯、萨姆纳、菲斯克和伯盖斯等美国著名作家和思想家在斯宾塞的影响下，进一步发展了社会达尔文主义。②萨姆纳明确指出，生存竞争和自然选择是普遍的社会定律，它所导致的社会不平等是一种自然状态，是文明发展的必要条件。他不屑于同情那些事业上的失败者，认为懒惰者与无能者理应受到自然和社会的惩罚，任何使其挫折得以缓和的企图，都只会为软弱的传播打开方便之门。他坚信，人类社会不能逾越如下选择，即自由、平等、适者生存，抑或非自由、不平等、最不适

---

① 康马杰：《美国精神》，第 127、130 页。
② 参见皮特·鲍勒《进化思想史》，田洺译，江西教育出版社 1999 年版，第十章"进化论的社会含义"；John Dewey, 1910, *The Influence of Darwin on Philosophy*, New York：H. Holt and Co.。菲斯克相关的思想可参见 John Fiske, 1883, *Excursions of an Evolutionist*, Boston：Houghton, Mifflin；1902, "A century of science and other essays," *The writings of John Fiske*, Cambridge, Mass：Printed at the Riverside Press；1902, "The Destiny of Man", *Studies in Religion*；*Being The Destiny of man*；*The Idea of God*；*Through Nature to God*；*Life Everlasting*, Boston：Houghton, Mifflin, 以及康马杰《美国精神》，第 4 章"约翰·菲斯克与进化哲学"。

者生存；前者有利于选拔最优成员，从而推动了社会进步，而后者则因袒护最劣成员而导致了社会倒退。[①] 这类论调不但由持有这一信念的学术大师们加以权威地表述，而且也通过普通读物得以广为传播。人们从《商业界的自然法则》和《政治经济学的自然法则》这类当时的畅销书中读到这些内容。[②] 其实，社会达尔文主义在美国的流行不难理解，因为美国社会经济的发展与变迁正是建立在适者生存的基础上。当年那些背井离乡来到这片土地的移民们多为强壮且野心勃勃之辈，他们相信自己将成为承载"天命"去开拓边疆的成功者。在艰苦的创业过程中，他们必须面对并克服一系列困难，方可脱颖而出。正如欧洲帝国主义学说权威大卫·阿伯内西所解释的那样，"具有力量优势的人们确信他们在智力、道德和文明方面同样优越。这种优越性通过消除支配他人的负罪心理，得以自我强化"[③]。康马杰洞察到，斯宾塞学说中的经济和政治部分迎合并满足了美国社会发展的需要，

---

① William G. Sumner, 1992, *On Liberty, Society, and Politics: The Essential Essays of William Graham Sumner*, edited by Robert C. Bannister, Indianapolis: Liberty Fund.

② 康马杰：《美国精神》，第 341 页。

③ David B. Abernethy, 2000, *The Dynamics of Global Dominance: European Overseas Empires, 1415–1980*, New York: Yale University Press, p. 382.

它们所蕴涵的哲学理念同美国人天性中对财富"贪得无厌的本性是一拍即合的",美国人很自然地把自己及他人的所作所为解释成符合生存竞争和社会进化法则之举。①

社会竞争法则融会贯通于整部美国的创业史中。那些靠铁路、银行、工商、外贸业暴富的大企业家们,如安德鲁·卡内基、詹姆斯·希尔和约翰·洛克菲勒,乐于自诩为斯宾塞的信徒,宣称他们的行为依据了他的哲学,并惯于用"适者生存"这个术语为其毫无节制的竞争行为进行辩护。绝大多数的普通美国人也都相信,他们具有卓越成效的资本主义生产方式正是建立在自由竞争的基础之上(不管事实情况是否如此)。他们本能地认为,社会竞争法则是每个人努力获得成功的唯一正确的指导原则。②他们经常以财富分配的结果而非过程作为行为合理性的评判标准。伯恩斯曾谈到,"美国梦想"基于一种通过自助以求取成功的强烈的伦理观。它力求使人们相信,那些具有竞争力和务实的人们在这块充满建功立业机会的土地上,能够挣得一份财产或建立一个梦想

---

① David B. Abernethy, 2000, *The Dynamics of Global Dominance*: *European Overseas Empires*, *1415 – 1980*, New York: Yale University Press, p. 132。

② 桑巴特:《为什么美国没有社会主义》,第 24 页。

的家园。① 可以这样说，在美国人的内心深处，他们认可
那种依靠个人奋斗取得成功的"强盗贵族"所代表的商
人精神，尽管这种精神被凡勃伦等人描述为一种冷淡、
审慎、妥协、勾结和诈骗的精神。② 在这个代表着"冒险
家的乐园"和"勇敢者的天堂"的国度里，"强盗贵族"
不但被视为"强者"，甚至被看作"英雄"，是美利坚民
族开拓和创新精神的代表，受到社会舆论的尊重。在许
多场合下，与其他国家的公民相比，美国人更能够以宽容
的心态去看待上层社会的钱权交易。前纽约州参议员普伦
凯特在为其"诚实受贿"行为辩护时，做出了"我看见并
抓住了机会"这样大胆的表白。这在当时成为一句经典辩
词，在相当程度上为美国人的价值观念所接受。③ 即便到

---

① 伯恩斯等：《民治政府》，第 247 页。

② 相关论述可见凡勃伦《企业论》，蔡受百译，商务印书馆 1959 年
版；凡勃伦《有闲阶级论：关于制度的经济研究》，蔡受百译，商务印书馆
1964 年版。

③ William L. Riordon，1994，*Plunkitt of Tammany Hall：A Series of Very
Plain Talks on Very Practical Politics*，Bedford Books：Boston. 乔治·华盛顿·
普伦凯特（George Washington Plunkitt，1842—1924）是纽约市民主党政治
机器"坦慕尼协会"的重要人物之一，掌握该协会长达 25 年之久。在担任
国会议员和纽约州参议员期间，他曾极大地推动了当时一系列重要公共工
程项目提案的通过，其中著名的有纽约市远郊公园、哈雷姆河快速路、华
盛顿桥、155 街高架桥和自然历史博物馆的扩建项目。

了民主、民权意识高涨且信息高度开放的今时今日，美国人也很少像许多其他国家的民众那样，对物质上取得巨大成功的人群怀有"仇富"的心理。通常来说，他们不但对社会财富分配的巨大落差处之泰然，而且对于财产丰厚的个人和家族的态度更多表现为欣羡乃至崇拜。

在美国历史上，由"强盗贵族"演变而来的"老板"政府长期存在的现象，是美国人信奉社会达尔文主义竞争法则的经典例证。19 世纪 60 年代，以声名显赫的威廉·特威德为首的政治集团控制了纽约市政府。此后的半个多世纪里，由某个商业富豪所结成的政治集团控制商业城市政府，在美国成为司空见惯的现象，"老板"特威德只不过是最闻名的例子之一。这些市政府在很大程度上进行了种种非法的（如贪污受贿）或勉强算合法的活动。它们篡改得票数字，更换候选人姓名，把事先商定的人员推进议会。运用胡萝卜与大棒并举的策略，特威德在纽约州立法中取得重要胜利，并促成新城市宪章的批准执行。在这帮"强盗贵族"的运作下，众多纽约市政工程项目的提案批复畅通无阻；一系列欺骗性法律协议被恣意捏造；而利用立法或政府管制规章条例收取巨额回扣竟成为堂而皇之的"正业"。这一时期，私人利益集团的冲突与争斗更让腐败的立法机构丑态百出。①
总体来看，美国各阶层的市民心平气和地接受了这一结
果，一部分人还怀着切身利益的种种功利算计，非但在
情感上不排斥这些公然凌驾于他们之上的特权结盟，甚
至还对该统治模式予以了相当程度的肯定和支持。②

对于自己国家在国际竞争中取得的成就和优势，无
论就结果还是合理性而言，他们都给予了最大限度的肯
定。美国的社会达尔文主义者力图把生物进化论运用到

---

① 19世纪末，为了争夺厄利铁路公司的控股权，纽约中央铁路公司的
铁路巨头范德比尔特与厄利铁路公司巨富古尔德展开了一场激烈的拉锯战。
就经济实力而言，两人旗鼓相当，他们对纽约州立法机关的影响亦此消彼
长，最终竟导致了一场立法危机。随着权力争夺的日趋白热化，被逼无奈
的纽约州参议院和众议院的立法者最后决定公开拍卖政策法规。由于古尔
德集团的出价更高，代表其利益的议案得以顺利通过并被写入该州法律。
范德比尔特对厄利铁路公司的控股计划终成泡影。参见 Mattew Josephson，
1934，*The Robber Barons*，New York：Harcourt，Brace；Lincoln Steffens，
1957，*The Shame of the Cities*，New York：Hill and Wang。

② "老板"政府在民主程序下获得了市民公开、持续的支持，这充分体
现了基于"成本—收益分析"的"经济人理性"。中产阶级认识到，尽管不正
当的交易确实存在，但只要税务负担大致是合理的，基本的城市服务也能令
人满意，便无可抱怨；穷困的阶级用他们的政治投票权向"老板"政府换取
经济上的好处；企业界则用自己的经济力量换取更多的政治利益和特权；支
持"老板"政府的其他集团，介于上述两个极端情况之间，即利用经济手段
谋取政治利益和利用政治手段谋取经济利益的动机兼而有之。总之，对大多
数人来说，为尊重法律而支付的成本显然是不经济的行为。详见 G. 冈德森
《美国经济史新编》，杨宇光等译，商务印书馆1994年版，第564—569页。

国家、民族或种族的竞争领域，为美国从外部攫取财富的各种正当或不正当的方式，提供强有力的理论与道义支持。他们声称，一个民族的工业、社会秩序及殖民地取得成功，是适者生存的结果。他们吹捧并反复引用达尔文本人的如下评述："说美国取得的非凡进步，以及其民族的优良品质，都是自然选择的结果，这种看法里很明显地有许多符合事实的成分。在过去的 10 个或 12 个世代之内的时间里，精力更旺盛、更具活力、更具有勇敢气质的人，从欧洲各个地方源源不断地向那个伟大的国家移民，并且在那里取得了最大的成功。……所有其他的一系列事情……只有与盎格鲁—萨克逊人向西方移民的巨大潮流联系起来看，才显得事出有因，富有意味。"[①] 同达尔文一样，斯宾塞认为，民族的力量基于生物为谋求生存而进行的斗争，以及为获得最高智力、最大能源、勇气及爱国热忱而进行的竞争。美国的社会达尔文主义者充分吸收并消化了这些观点，认为美国人不得不竭力攫取地球上的任何一个区域；为了建设一个帝国，他们的行为不得不具有攻击性；他们需要把他们的

---

① 查尔斯·达尔文：《人类的由来》，潘光旦、胡寿文译，商务印书馆1983 年版，第五章。

商业与贸易拓展到世界市场上去；他们应当建设一支强大的现代化海军舰队，并且在外国港口为其设立加煤站。总之，美国的经济扩张以及由此获得的收益，经位居主流的功利主义观点的描述和论证，成了科学法则所决定的必然及合理的结果。① 而这一结论不但为美国人在北美大陆拓殖时期，凭借强力驱逐、杀戮印第安人，掠夺和抢占他们土地等优胜劣汰的"竞争"行为提供了合法性，而且在一定意义上，它也成为强大后的美国在国际交往中惯于以自我为中心、奉行弱肉强食的强权政治思想，将其利益凌驾于他国之上，推行全球扩张的霸权主义提供了依据。

在美国具有悠久传统的福利至上和物竞天择之理念，还深刻地影响了现代美国人对自身历史及国家制度的认识和理解。特纳、帕灵顿和比尔德三人，被康马杰视为美国最著名的三位历史学家。他们三位的研究方法在美国学界得到广泛的认同和支持，其影响远远超出史学领域。然而，这三位学者都在不同程度上接受了社会进化论的思想，并认为经济力量在历史演进中居于统治地位。② 特纳在其最著名的《边疆地区在美国历史上的重要性》一文

---

① 以上内容详见怀特《美国的兴盛与衰落》，序言，第10—13页。

② 参见康马杰《美国精神》，第14章"阐释历史的创新者：特纳、帕灵顿和比尔德"。

中明确指出，边疆地区的创业历程是美国历史的主旋律，它不但塑造了伟大的历史人物，而且把美国史同旧世界的历史区分开来，使美国史具有其独特的意义。[①] 帕灵顿相信，经济是一切政治及思想的基础。他把美利坚民族三百年的思潮纳入经济环境中，撰写了《美国思想史》一书。[②] 比尔德试图从经济角度阐释美国的政治历史。美国的历史在其笔下，是一部由集团利益推动的经济史。在比尔德营造的历史观中，几乎所有政治事件的核心都被理解为经济问题，其要害所旨在于财产利益。在他看来，只有从阶级和利益集团的角度去解读，那些意味深长的历史事件才具有生命力。[③] 以上三位学者的历史观念

---

① Frederick J. Turner，1893，"The Significance of the Frontier in American History." 该文可在以下主页阅读：http：//en. wikipedia. org/wiki/Frederick_ Jackson_ Turner。

② 沃浓·帕灵顿：《美国思想史：1620—1920》，陈永国等译，吉林人民出版社 2002 年版。

③ 参见查尔斯·比尔德《美国宪法的经济观》，何希齐译，商务印书馆 1984 年版；《美国政党斗争史》，自明译，神州国光社 1934 年版；查尔斯·比尔德和玛丽·比尔德：《美国文明的兴起》第 1 卷 "农业时代"，许亚芬译，商务印书馆 1991 年版；Beard，1934；Charles Beard，and Mary Beard，1927，*The Rise of American Civilization*，Vol. 2，New York：Macmillan。关于对历史进行经济解释的历史哲学论述，可参见以下两部经典著作：Harry E. Barnes，1925，*The New History and the Social Studies*，New York：The Century Co；Edwin R. A. Seligman，1961 [1895]，*The Economic Interpretation of History*，New York：Columbia University Press。

可以说代表了美国史学界的主流。美国学者对位居美国历史中心位置的经济史的书写，特别是从"成本—收益"和集团博弈的视角去解构美国历史的发展过程和逻辑，在描述经济发展和财富积累的历史进程的同时，也很好地契合了以理性人、收益最大化和博弈论等为核心内容的现代经济学。

与社会进化论在精神上灵犀相通的经济学，其影响力远远超出了自身的领地。其分析范式甚至被完整地应用于法学研究。在许多美国法学家及法官看来，法律的演进主要是为效率服务的。效率原则优先于西方传统自然法所坚守的公正原则，成为评判法律优劣的最高原则。目前已担任美国联邦上诉法院法官的法学家理查德·波斯纳，在其《法律的经济分析》一书中总结了上述逻辑："所有制度（包括法律）在履行中都会给当事人的行为带来收益和成本，故可用经济学的最优化均衡条件来解释法律，描述和评判法律行为的实质。……法律效率要评估的是法律最终将要达到与其目标的成功度。正是在这一点上，法律的实证经济分析显示了其优越性。"[1]

---

① 理查德·波斯纳：《法律的经济分析》，蒋兆康译，中国大百科全书出版社 1992 年版，第 23 页。

◇（三）国际关系理论及外交实践中的现实主义

时下流行于美国思想界和外交决策层的现实主义国际政治理论，可以被视为实用主义和福利至上原则在美国对外关系领域中的一种运用。当代现实主义国际理论的代表人物是美国学者摩根索、华尔兹和米尔斯海默。[①] 现实主义者认为国际政治的本质是权力政治。在对外行

---

① 米尔斯海默以"引起国家争夺权力的原因"和"国家想要多少权力"为标准，进一步将现实主义分为人性现实主义、防御性现实主义和进攻性现实主义。人性现实主义，又称"经典现实主义"。摩根索的《国家间政治》一书是这一理论的代表作。摩根索在书中将国家性等同于人性，强调国家的"权力欲望"，认为国际政治的主要驱动力是体系中的"权利意志"。防御性现实主义又被称为"结构现实主义"，其主要代表著作是华尔兹的《国际政治理论》。华尔兹认为，国家的内在侵略性并非由于"权力意志"使然，而是为了追求"生存"这一安全目标，无政府状态鼓励国家采取防范措施，使其维持而不是打破均势，因为过多的权力容易引起其他国家的联合抗衡。因此，守住而不是增加权力才是国家的主要目标。进攻性现实主义以米尔斯海默本人撰写的《大国政治的悲剧》为代表作。进攻性现实主义在"引起国家争夺权力的原因"问题上，继承了防御性现实主义理论，反对摩根索关于国家天然被赋予某种个性的观点。但是，它在国家需要多少权力的问题上与防御性现实主义分道扬镳。进攻性现实主义和人性现实主义都将大国刻画成无情的、权力最大化的追求者，认为其终极目的是建立霸权。详见米尔斯海默《大国政治的悲剧》，第20—21页。

为层面上，他们倾向于把国家看作马基雅维里式的功利国家，而非康德意义上的道德国家。① 现实主义者对国家性质的判断深受尼布尔的影响。在后者看来，一切超越社会报酬的道德理想都很难直接运用到复杂而间接的人类集体关系上去，一个群体对另一个群体不可能充分地保持无私的态度；所以，国家必然是自私的，当国家以国家的名义行为时，必须考虑国家利益。② 总体而言，现实主义理论的观点和逻辑可大致概述如下：作为国际政治主体的主权国家是理性、自利的行为者；国际社会处于霍布斯笔下的无政府状态，不存在超越国家之上的统治权威，因此国际关系的特征是竞争和冲突，国家相互

---

① 康德强调国家和政治道德的重要性，他在《永久和平论》中宣称："真正的政治若不先向道德宣誓效忠，就会寸步难行。"（第139页）而在政治现实主义之父马基雅维里的著作中，国家的权力与道德却实现了相互分离，这通常也被视作是马基雅维里对古典政治哲学最大的颠覆。参见康德《历史理性批判文集》，何兆武译，商务印书馆1991年版；马基雅维里《君主论》，潘汉典译，商务印书馆1985年版。

② 尼布尔是美国"公共神学"的开创者和代表人物。他明确提出"集体比个人更不道德"的观点。尼布尔关于国家的自私来自复杂的人性论这一看法，在摩根索后来的著作里得到了体现。摩根索指出，对权力的自私追求在内政中受到压制，但是在"国家至上论"的国际政治中却能得到"正当"的发泄。参见莱茵霍尔德·尼布尔《道德的人与不道德的社会》，蒋庆译，贵州人民出版社1998年版；摩根索《国家间政治》，第143—144页。

之间无法确认敌友关系;[①] 在对外行为中,国家是同质的,它们都遵循相同的现实主义逻辑;不同的国家主体追求同样的现实目标,即国家安全,这是国家生存意志使然,与其社会制度、历史文化传统、国内政治或领导人意志等内部属性无关;为了确保根本利益,国家必须为争夺权力而争斗;"权力是大国政治的货币"[②],它在国际政治中具有最终的决定权;为了维护和扩大自身的权力或力量,国家必须持续地削弱对手的实力或阻止其力量的增长。[③]

以追求理想主义著称的自由主义学派,其观点及主张看似与现实主义学派相对立,但实际上它是美国推行现实主义外交的另一种表述方式。这样说不仅仅是因为

---

① 现实主义的这一个理论假设继承了霍布斯的思想传统。霍布斯认为,在个人通过契约建立国家之前,人类社会处于所谓的"丛林状态"之中,人们的行为受"丛林法则"的支配,即每个人都与其他人之间相互为敌。在建立公民社会之后,"有两条公理必定同样正确:人待人如上帝;人待人如豺狼。前者就公民之间关系而言属实;后者就国家之间的关系而言属实"。现实主义者将国际社会看作霍布斯所描述的"丛林状态",认为国家的行为同样按照"丛林法则"行事。国与国之间由于无法达成信任而彼此对立、相互争夺。参见霍布斯《利维坦》,黎思复和黎廷弼译,商务印书馆 1985 年版;《论公民》,应星等译,贵州人民出版社 2003 年版,第 2 页。

② 米尔斯海默:《大国政治的悲剧》,第 11 页。

③ 摩根索:《国家间政治》。

"没有实现理想的手段就等于没有理想"。在很大程度上，美国自由主义者提出的所谓"理想"目标，其真实目的往往也是追求现实利益。理想主义者与现实主义者之间的分歧，通常仅在于实现利益的方式和侧重点各不相同。概括地讲，美国外交传统中有两个基本目标：一是"在不付出任何政治代价的情况下寻求自己的经济利益和贸易利益"；二是当以上命题破灭时，美国有必要"根据最初的原则中所剩的某些东西"来为其对外行为"寻找正当理由"。而解决这一问题的办法便是，"在道德上采取高姿态"。换言之，不管主张如何，美国国际政治理论要解决的关键问题始终是，如何设法让美国以"最小的政治代价来寻求最大的海外经济利益"①。

"一战"期间，威尔逊总统提出了理想主义色彩浓重的"十四点计划"和"美国外交四项基本原则"，将美国的自由主义外交传统推向顶峰。以其命名的"威尔逊主义"几乎被美国人视为自由主义和理想主义的

---

① 克罗卡特：《50 年战争》，第 28—30 页。

代名词。① 威尔逊公开的言辞表述似乎都证明，美国在其领导下的外交政策是以某种高尚的道义原则为基准的。他向国会要求对德国宣战的信件中宣称："我们没有任何自私自利的目的。我们不想征服，也不想要领地。……我们只不过是人类正义事业的斗士之一。"对此，英国学者克罗卡特一针见血地指出，"表面现象往往具有欺骗性。美国参战的条件是精心设计的。……此举有利于发展美国未来在全世界的利益……即维护中立国自由贸易的权利"②。此后，在美国外交思想界颇为流行的两股自由主义力量：其一为基于国家间相互依存而构建的"新

---

① 威尔逊主义具体体现在威尔逊总统提出的"十四点计划"和"美国外交四项基本原则"之中。1918 年 1 月 8 日威尔逊对国会发表了著名的"十四点计划"的演说。"十四点计划"的内容主要包括：公开外交、公海航行自由、贸易自由、全面裁军、公正处理殖民地争议、民族自决以及建立国际联盟。此后，威尔逊又对"十四点计划"的内容进行了补充，提出了美国外交的四项原则。前哥伦比亚大学副校长约翰·克劳德将这四项原则总结为：美国无意摄取别国领土；美国外交手段是和平谈判而不是武力征服；美国不承认任何通过暴力获得政权的外国政府；美国在国际关系中将恪守信用，遵守道义。详见王晓德《梦想与现实》，中国社会科学出版社 1995 年版，第 292 页。

② 张立平：《20 世纪威尔逊主义的梦想与幻灭》，载任晓、沈丁立主编《自由主义与美国外交政策》，上海三联书店 2005 年版，第 92 页。

制度自由主义"①；其二为积极主张向全世界推广美国式民主的"民主和平论"②。前者强调通过所谓"软实力"使美国达到其在世界政治中所期望之结果，后者坚持认为世界和平有赖于民主的传播。无论名称和形式如何，它们都是威尔逊主义的理论衍生物。它们的最终目标都是谋求、保障和增进美国的国家利益和世界地位。自由主义者推崇的以自由民主等美国文化价值观为核心的"软实力"，不仅是以现实主义者强调的经济与军事等硬实力为保障的，更是为强化其硬实力服务的。它被"软实力"概念的创造者约瑟夫·奈称为"权力的第二张面孔"③，也就不足

---

① 罗伯特·基欧汉和约瑟夫·奈合著的《权力与相互依赖》一书的出版，标志着新自由制度主义的成型。新自由制度主义者和威尔逊主义者一样认为，全球秩序可以在国际机制和制度的约束下通过多边合作的方式来实现。与此同时，他们特别强调，各国经济上相互依赖的存在将导致政治上的相互依存，以致产生合作和"共赢"，而合作和"共赢"的达成需要依靠国际规则和国际机制来有效维系。详见罗伯特·基欧汉和约瑟夫·奈《权力与相互依赖》，门洪华译，北京大学出版社 2002 年版。

② "民主和平论"的灵感来自康德的"永久和平论"及威尔逊主义"为民主而使世界安全"的命题。最早明确提出并使用这一名词的人是美国学者迈克尔·多伊尔。他认为，民主国家不易打仗，其原因主要在于制度的约束和文化规范的自律。参见 Michael Doyle, 1986, "Liberalism and World Politics Revisited", *American Political Science Review*, Vol. 80, No. 4, pp. 1151 −1169。

③ 约瑟夫·奈：《硬权力与软权力》，门洪华译，北京大学出版社 2005 年版，第6页。

为怪了。

以追求权力为核心的现实主义学派和强调价值及国际规则的自由主义流派，在很多场合不过充当了美国现实利益这枚硬币的正反两面。美国前国务卿赖斯对此有精辟的论述。她说："作为一名教授，我知道现实主义和自由主义的争论使一代又一代的学者获得终身教职而事业有成。而作为一名决策者，我可以告诉你们，这样的分类抹杀了现实。在现实生活中，权力与价值观完全密不可分。'美国至上'是一个已然的存在。历史证明美国的价值观是最优越的，美国的力量是最强大的。通过国际制度、联盟体系，美国已经形成了以它为中心的机制，在国际社会中已经形成了以美国为核心的权力中心。无论是民主党，还是共和党都认同这一点。"① 米尔斯海默同时指出，尽管经常将对手描绘成邪恶或不道德的另类，并宣称自己受更高的道德目标而非均势的考虑所驱使，但在实际行为中，像美国这样的大国几乎是按照现实主义原则行事。美国外交政策的制定也向来受现实主义逻辑的支配，虽然政治领袖公开的言论可能误导人们产生相反

---

① The White House, 2002, "Remarks by National Security Advisor Condoleezza Rice on Terrorism and Foreign Policy," http：//www. whitehouse. gov/news/releases/2002/04/200204 29 – 9. html.

的理解。他进而借用了卡尔在 1939 年说过的话，来嘲讽美国对外行为中所表现出的言行不一现象，声称这种"伪善"是"盎格鲁—撒克逊人思维中的特有怪癖"。美国继承了讲英语民族的传统，是当之无愧的"在善良的外衣下掩盖他们自私的国际利益的艺术大师"①。即使是对极不发达国家做出的带有人道主义色彩的国际承诺，美国也会暗地里在把私利掺杂于其中。经济学家约瑟夫·斯蒂格利茨就曾以孟加拉国对美贸易为例说明美国的虚伪。②

虽说米尔斯海默和斯蒂格利茨等人对于美国对外行为之道德动机的彻底否定显得有些过于偏执，他们把美国对外政策中的理想主义目标纯粹当成权力角逐的幌子

---

① 米尔斯海默：《大国政治的悲剧》，第 22—26 页。

② 在 2001 年世界贸易组织多哈会议上，世界最富有国家承诺向最不发达国家单方面开放市场，并以此为其提供摆脱贫困的机会。欧盟扩大了"除军备外全部免税"计划（EBA）。美国的做法是单方面向最不发达国家开放按关税条目计算的 97% 的市场。表面上看，这种做法十分慷慨，但实际情况却是，在经过缜密的组合后，美国所排除的 3% 关税条目，可以对孟加拉国 60%—75% 出口到美国市场的商品设置贸易壁垒。对此斯蒂格利茨挪揄到，美国的承诺是："发展中国家可以自由地出口一切，除了它们的产品。"他进一步指出，美国为此提出的官方理由是因为它们涉及"敏感产品"，而真正的目的是对发展中国家分而治之，让它们彼此竞争，以确保美国利益。参见 Joseph Stiglitz, 2006, "On Free Trade, Washington is Trading Freely in Hypocrisy," http://www. globalpolicy. org/socecon/trade/2006/0711stig. htm。

加以解释的做法，也有将问题简单化和绝对化的味道，但是，他们对现实原则主导美国外交实践的基本判断，大体上还是成立的。我们赞同这样的判断：占主流地位的美国外交思维倾向是，国际政治不过是促进或维持本国实力、遏制或削弱别国实力的持续努力。[①] 罗赛蒂在回顾美国对外政策的历史渊源时看到，在历史的大部分时期，美国对外政策一直立足于国内经济的考虑，其中重点目标是保护本国经济免受外国竞争和投资的不利影响、大力拓展海外商业市场，以及建立于己有利的贸易和金融体系。[②] 无论是权力还是道德，都应该服从于这些目标。

在外交实践方面，从汉密尔顿为代表的联邦党人倡导"利益外交"开始，美国对外政策中以现实利益为重心的传统一直延续至今。在许多对外场合，原则都是要为利益让步的；或者说，为了实现特定利益，原则是可以分层次的。当年汉密尔顿现实主义外交理念的最重要的质疑者、素以坚持理想主义和原则著称的杰斐逊也明确告诉人们："严格遵守成文法无疑是一个好公民的重要义务之一，但并不是最重要的。迫切需要、自我保存、

---

① 张宇燕：《透过美国看当今世界》，《国际经济评论》1996 年第 1 期。

② 罗赛蒂：《美国对外政策的政治学》，第 226 页。

危急时保卫祖国等法则是更重要的义务。死板地遵守成文法以致失去了祖国，也就失去了法律本身，失去了生命、自由、财产以及那些与我们一同享受那些东西的人，从而荒唐地为了手段而牺牲了目的。"① 然而，对原则划分层次并做出高下的区分、为实现特定目标可以牺牲原则，这无疑会为形形色色的机会主义行为打开方便之门。了解到这一点，依照"利益政治"而非"原则政治"行事的情况在美国的对外行为中相当普遍，② 也就容易理

---

① 托马斯·杰斐逊：《杰斐逊选集》，朱曾汶译，商务印书馆1999年版，第574页。杰斐逊还颇为赞许地回忆了华盛顿将军在独立战争中为了追求特定目标而灵活运用原则的两个事例：在日耳曼顿战役中，华盛顿的部队受到盘踞在邱姓住宅的敌人的骚扰，他毅然将大炮对准公民的住宅猛轰；在围攻约克敦的战役中，他将近郊的村庄夷为平地。他之所以做出这样的决策是因为他坚持认为国家的安全利益必须位于个人财产利益之上。

② 布坎南在其《原则政治而非利益政治》一书中指出，政治可以被划分为两类，其一为"原则政治"，其二为"利益政治"。在他看来，政治应该遵循的恰当原则是"原则政治"，亦即遵从"一般性原则"或"一视同仁原则"的政治。只有当政治原则不带歧视性地适用于所有人或团体时，只有当政治原则不受具有某种支配地位之个人和团体的影响时，只有当政治原则杜绝那些厚此薄彼的选择性行为时，"原则政治"才得以实现。然而，现代美国政治并非"原则政治"，而是"利益政治"，亦即公民被划分为应该受到奖励或惩罚的群体，并依此受到明显的歧视性对待。换言之，政治行为之效果的判定来自个人或利益集团的认同。詹姆斯·布坎南和罗杰·康格尔顿：《原则政治，而非利益政治——通向非歧视性民主》，社会科学文献出版社2004年版。

解了。

那些直接参与外交实践的政治家和战略家们，显然倾向于以现实原则去理解和处理对外事务。凯南曾明确指出："掌权者的行为往往更多的是受他们在其中必须行使权力的环境所左右，而不是由他们处于反对派位置时激励他们的观念和原则所支配。"他极力倡议，建立一套"政治上的会计程序"，来计算具体一项外交行为潜在的支出是否超过预期的收益。① 赖斯也特别强调，追求人道主义、寻求国际法以及国际组织的"合法性"，都不能成为目的本身，这些行为的存在必须是以不妨碍美国的国家利益为前提。② 曾在美国政府中担任要职的布热津斯基认为，美国的国家力量"应该首先服务于本国的安全，这几乎可以说是毋庸置疑的"。美国需要认真考虑，"世界上哪些地区对它的安全最重要，它的利益如何界定最佳，如何寻求最能产生预期的效果"③。"二战"时期，为了确保国家安全，美国将"反共"的价值目标暂时搁

---

① 约翰·加迪斯：《遏制战略：战后美国国家安全政策评析》，时殷弘等译，世界知识出版社 2005 年版，第 39—41 页。

② 转引自韦宗友《现实主义对小布什政府外交政策的影响及其限度》，载任晓、沈丁立主编《现实主义与美国的外交政策》，上海三联书店 2004 年版，第 233—234 页。

③ 布热津斯基：《大抉择：美国站在十字路口》，第 236 页。

置，与苏联合作结盟。为了证明与苏联结盟的合法性，罗斯福在第二次世界大战期间屡屡援引巴尔干的一句古老谚语："我的孩子，在严重危难时候你同魔鬼携手同行是可以的，直到你过了难关为止。"①

冷战期间，美国的外交战略家们秉持的同样是现实主义态度。奥斯卡·摩根斯滕将美苏之间的冲突称为一场极其深刻的以争夺霸权为目的的冲突，认为它不仅是意识形态上的冲突，更基于双方存在的"利益上的对立"。在二者之间的权重上，他强调特别，意识形态的重要性"未必像经常所说的那么大"。当目标业已明确的情形下，摩根斯滕认为美国的对外战略必须具有灵活性和可操作性。他明确指出，在确定战略切实可行后，必须选定一个最优战略，即凡是能迫使对方以最大的精力和财力来应付的战略。他进一步指出，美国所应采取的行动方针是，"一方面能够巩固我们在世界上的经济和政治地位，而同时又能对对手在我们选定的领域内同我们周旋造成最大的困难"②。在对外援助问题上，詹姆斯·施

---

① 转引自加迪斯《遏制战略：战后美国国家安全政策评析》，第1页。
② 奥斯卡·摩根斯滕：《军事联盟和共同安全》，载戴维·阿布夏尔、理查德·艾伦主编《国家安全：今后十年的政治、军事和经济战略》，柯任远译，世界知识出版社1965年版，第753—759页。

勒辛格认为，"美国决策者不应该一味追求难于达到的意识形态方面的目标，以至消耗我们在对外援助和对外贸易关系中的潜力，而是应当适当地安排我们对外贸易和对外援助计划，以使我们在将来或更紧急的时候为了国家利益向对方施加压力"。他进而表示，"这种着重于权力的考虑，有两方面的含义：其一，援外计划不能主要依据人道主义或理想主义目标；其二，不能仅仅由于我们不赞成别国的社会制度，包括以共产主义为基础的社会制度在内，就同这些国家断绝经济关系"①。

美国对外输出自由、民主、人权观念及制度的热情背后，其功利动机也相当明显。在那些相信"民主和平论"，即认为民主国家之间最可能维系和平的美国精英人士看来，由民主国家构成的国际社会最符合美国的国家利益，因为和平的国际环境有利于维护美国统治的稳定

---

① 詹姆斯·施勒辛格：《对外援助和对外贸易的战略优势》，载戴维·阿布夏尔、理查德·艾伦主编《国家安全：今后十年的政治、军事和经济战略》，第771—772页。他还补充说："经济战的主要武器一度是'供给作用'。如果要战略的经济武器在今日的条件下发挥作用，'需求作用'的重要性也得相应提高。这就是说，我们应该用阻止有关国家进入西方市场的手段，使有关国家的经济经常处于被我方破坏的威胁之下。要使这种威胁永久存在，我们就得继续同各国贸易，包括共产主义国家在内。特别是在对付不发达国家时，这种威胁的潜在效力可能是相当大的。"

性。克林顿曾坦言："在世界上保卫自由和促进民主并不仅仅是我们的最深刻的价值观的反映，这些都对我们的国家利益至关重要。"换言之，在全球促进民主和人权，"不仅是一种在道义上迫切需要履行的义务，更是一套维护美国国家安全的可靠战略"①。

除了动机的功利性外，美国在全球推动民主化的过程，也是非常务实和讲究策略的。冷战期间，美国基于现实考虑，往往更乐于扶持各地亲美的实权派而非"民主派"，这其中不少按美国的定义应属于"独裁政权"。韩国、南越、古巴、委内瑞拉、多米尼加、萨尔瓦多、尼加拉瓜、伊朗等国家或地区的独裁势力先后都曾获得美国不同程度的支持。美国决策者对此的解释是：在这些国家或地区，民选政府的意识和传统过于薄弱，因此不能成功抵制共产主义的强大攻势。1961 年，肯尼迪总统谈及多米尼加政权时提到三种潜在可能性："其一是正直、体面的民主政权，其二是延续特鲁希略政权，其三是卡斯特罗政权。"他直言不讳地表示：虽然第一种可能性是美国应争取的目标，但是如果"不能确定避免第三

---

① 伯姆斯塔德：《克林顿的内政外交政策》，《现代外国哲学社会科学文献》1993 年第 2 期。

种可能"，那么美国就"不能够谴责第二种可能"；何况特鲁希略还会"支持美国的政策，为美国提供建立军事基地的区域，鼓励美国进行投资"①。这段话凸显了美国在处理外交问题时，随时进行利害权衡和计算的灵活、务实之风。

对所谓民主和"人权问题"的差别处理，同样体现了美国外交中务实的特点。尼克松政府的驻联合国人权委员会代表里塔·豪金曾坦言："当那些和我们关系并不特别密切的国家违反人权时，我们就指责他；但当违反人权的行为出现在我们的盟国中时，我们往往保持沉默。"② 对于那些与之利益关系密切的地区，美国对民主和人权问题的处理同样让位于功利考虑。对此，赖斯曾评论道：尽管促进人权和民主发展的政策一向被视为美国国家利益的推进，但是在自"二战"结束后的六十年时间里，美国对待与其利益攸关的中东地区所采取的政策几乎全部立足于稳定考虑，很少就该地区民主转型的需求与之进行公开对话。两党政府关于美国大中东政策

① Norman Podhoretz, 1982, *Why We were in Vietnam*, New York: Simon & Schuster, p. 52; Pope G. Atkins and Larman C. Wilson, 1972, *The United States and the Trujillo Regime*, New Hampshire: Rutgers University Press, p. 72.

② 朱峰:《人权与国际关系》，北京大学出版社 2000 年版，第 131 页。

所达成的基本约定是，支持对方独裁政权，以换取他们对美国稳定该地区这一战略利益的支持。① 即使在最沉迷于"人权外交"的卡特总统的执政期间，人权问题亦毫不例外地服从于国家的现实利益。卡特在宣称"保留在人权遭到侵犯时做出强烈谴责的权力"时，不忘补充一句："只有当我认为值得一提时才这么做。"至于值得一提与否，则要基于美国的现实利益考虑。菲律宾马科斯政府的独裁暴政可谓臭名昭著，但鉴于双方政治、安全和经济关系的现实重要性，卡特政府并未减少对其的安全援助。对此，有位国会议员不无讽刺地说："美国赞成世界上的自由，但我们首先维护我们的国家安全。所以卡特总统虽然赞成人权……却给了马科斯 5 亿美元。"② 对于卡特政府无视人权状况的不佳而给予伊朗、韩国和扎伊尔等国援助时，国务卿万斯给出的理由是："我们必须权衡对人权的政治考虑与经济及安全目标的关系。"1981 年，里根政府的《人权备忘录》规定，对盟国的侵犯人权行为实行"消极标准"，即只需口头批评，无须见

① Condoleezza Rice, 2008, "Rethinking the National Interest", *Foreign Affairs*, July/August.

② Alfred G. Mower, 1987, *Human Rights and American Foreign Policy: The Carter and Reagan Experiences*, New York: Greenwood Press, p. 30.

诸行动。对那些不按美国人权标准行事，但于己有地缘利益的南美洲国家，里根还采取了安抚笼络的政策。对实行种族主义统治的南非，美国则从政治、经济上的利益关系出发，给予其支持和庇护，反对联合国安理会对其进行强制性制裁。就在科索沃战争结束后不久，美国对卢旺达、塞拉利昂、东帝汶等地种族清洗和残杀行径的态度却是无动于衷。对哪些地区的人道主义灾难坐视不管，而在哪些地区又大动干戈，都要权衡美国的战略利益后再灵活决定。①

美国行为之现实主义倾向在其对国际条约的高度选择性中得到了淋漓尽致的展现。美国著名的农业与贸易政策研究所的专家们在一份题为《条约数据库：对美国参与全球事务的测量》的报告中对此进行了深入分析。在他们精心挑选出来的 549 个重要的且与美国密切相关的国际条约中，美国共签署并经国会认可的有 157 个，占总数的 29%。一般认为，美国对多边条约体系的整体参与度不高的原因，主要在于这个国家极不情愿把主权托付给任何其他权威。该研究所的专家们进一步分析后发现，美国如此行为的深层原因在于美国政府更感兴趣

---

① 参见董秀丽主编《美国外交的文化阐释》，第 91—94 页。

的是那些能够加强它对世界资源控制的条约，而对那些促进人民权利和保护这个星球的条约则不屑一顾。在某些情况下，美国政府也常会把国家主权拱手让给国际贸易协定或商业合约，这其中起关键作用的是将美国的主权置于或拒绝置于其他权威之下的时机选择，而后者所决定的则是未来利益回报。①

美国人的现实主义外交理念与实用主义哲学和现实生活中的福利至上准则之间是一脉相承的，三者共同支撑了这样一种判断：美国式行为方式决定于现实利益的驱动。

---

① Institute for Agriculture and Trade Policy（IATP），2004，*The Treaty Database*：*A Monitor of U. S. Participation in Global Affairs*，September，A Report from the Global Cooperation Project of IATP，http：//www. globalpolicy. org/empire/un/2004/09 database. pdf.

四

精英主导与集团政治

就政治制度而言，美国奉行的是典型的自由民主制度。尽管随着时间的推移其形式与内容也在变化，但就基本架构而言美国的民主制度则一成不变。出生在奥地利的美国经济学家约瑟夫·熊彼特一针见血地指出，美国的"民主不过是指人民有机会接受或拒绝要来统治他们的人的意思"，是那些"自称的领袖们之间为争取选民投票而进行的自由竞争"，"民主就是政治家的统治"，"人民从未真正统治过，但他们总是可以被定义弄得他们像是在统治"。至于美国民主制度下的"人民"，熊彼特称之为"扶不起来的阿斗"。在他看来，美国民主政治的基础是所谓的人民意志，但是，"在政治过程的分析中我们面临的多半不是真诚的意志而是制造出来的意志"；

"人民意志是政治过程的产物而不是它的推动力"①。其实，熊彼特所说的政治家，只是美国统治集团中站在政治舞台上的头面精英人物，其身后站着整个精英阶层。美国是一个典型的由精英阶层主导的国家，而精英大都又是形形色色举足轻重的集团首脑或国家机构中核心职位的占据者，尤其是那些巨型商业集团的领导者。他们既受价值理念的驱动，又自觉或不自觉地遵循着传统的行为模式，更要为他们所代表的、其自身利益又融入其中的集团利益而打拼。在实践的层面上，美国的行为或政策制定多为各利益集团之间、压力集团与官僚集团之间的利益博弈所操控。我们将此称为集团政治。精英主导和集团政治的影响深刻地体现在美国国内的宪政法律结构和政治经济制度

---

① 约瑟夫·熊彼特：《资本主义、社会主义与民主主义》，绛枫译，商务印书馆 1979 年版，第 308、328—329、355—356 页。熊彼特进一步指出，美国政治家在实施统治过程中大量地借助于"有效信息"，而"有效的信息几乎总是掺了假的或者是经过了选择的"；"经过选择的信息，即使本身是正确的，也是打算用说真话的方式来撒谎"。至于"有效的政治推理，主要在于把某些命题提升为自明的公理并把其他命题打入冷宫"（第 328 页）。顺带提及一下，熊彼特对资本主义本质的分析入木三分："开动资本主义发动机并使它继续动作的基本推动力，来自新消费品，新的生产或运输方法，新市场，资本主义企业所创造的产业组织的新形式"；"它不断地从内部使这个经济结构革命化，不断毁灭老的，又不断创造新的结构。这个创造性的毁灭过程，就是关于资本主义的本质性的事实。这正是资本主义意义所在，也是每个资本主义企业赖以生存的东西"（第 104—105 页）。

中，并构成了美国行为的实践过程与内容。

　　·

◇（一）阶级分层：对美国社会的纵向考虑

　　托马斯·戴伊曾断言，在一切社会里，无论它是原始的还是发达的、集权制的抑或民主制的、资本主义的还是社会主义的，都只有一小部分人在行使大权，不论这些权力是否假借"人民"的名义行使，这是千真万确的事。[①] 此判断对长久以来被"阶级平等"神话所笼罩的美国而言也不例外。表面上看，美国人生活在一个像伍德罗·威尔逊所描述的"没有阶级区别、没有地位差异"的平等社会中。[②] 而实际上，在民主制度和宪法框架之下，美国一直都是一个阶级分层或分割严重的国家，阶级界限

---

　　① 托马斯·戴伊：《谁掌管美国？——里根年代》，张维等译，世界知识出版社 1985 年版，第 5 页。
　　② 转引自爱德华·佩森《美国社会中的地位和阶级》，载卢瑟·利德基主编《美国特性探索》，龙治芳等译，中国社会科学出版社 1991 年版，第 254 页。

和社会地位之差异在美国确实存在，而且始终存在。[①] 19世纪上半叶，美国最富有的 1% 的家庭拥有全国资产的1/3，前 1/10 的富裕家族拥有 4/5 的社会财富；与此同时，大部分美国成年人都不拥有具有市场价值的财产。尽管人们普遍相信这个时代的美国商业"大亨们"大都是从贫贱的环境中发家致富的，但事实却并非如此。大亨们的财富积累主要是由早期富有者的亲属及后人完成的。经济学家威廉·米勒及其弟子的研究揭示了如下事实，即变成商业头面人物的穷孩子"在美国历史书里比在美国历史里更显眼"。在 20 世纪的美国，只有 1% 的人口属于上层阶级；1%—2% 的人口属于次上层阶级，其成员拥有的财富与上层阶级不相上下，但由于其暴发户的身份，他们在社会威望上较前者略逊一筹；9%—10% 的人口属于上中层，他们大多是中等财富规模的商人和专业人员中的少数佼佼者；28%—36% 的人口属于次中层，其成员主要包括小业主、农场主、职员和技术工人；33%—35% 的人口属

---

① 霍华德·津恩的《美国人民的历史》是一部在美国学界少见的"异类"作品。它向读者呈现了一部以阶级斗争为主线的美国历史，并揭示了美国历史上和现今时代的阶级压迫和剥削。详见霍华德·津恩《美国人民的历史》，许先春等译，上海人民出版社 2000 年版。关于美国阶级矛盾的著作，另可参见菲利普·方纳《美国工人运动史》，黄雨石等译，三联书店1956 年版。

于上下层，其构成以半熟练工人、职工和农业劳工为主；最后的17％—25％人口属于下下层，由非熟练工人、失业人员和所谓的"流氓无产者"等人群组成。①

以社会成分多元化和民主制度之发达而闻名于世的美国，其社会制度的本质却是典型的精英政治。②恰如沙特施奈德在《半主权的人民》一书中所揭示的那样："多元天堂的缺陷在于天国的合唱带有浓厚的上等阶层的音调。很可能有90％的人民进不了这个集团系统。"③社会学家米尔斯撰写的《权力精英》，是有关美国精英统治最知名的学术著作之一，在20世纪50年代曾名噪一时，至今影响犹存。米尔斯在书中指出，美国的多元政治只是一种表面现象，在政府机构和整个社会中，权力最终的行使受到严格控制，只有极少数精英操纵着美国政策的方向。不但如此，权力精英们还主宰了美国社会的主

① 津恩：《美国人民的历史》，第254、258、260—261页；罗伯特·威布：《自治——美国民主的文化史》，李振广译，商务印书馆2006年版，第129—204页。有关数据另可参见加里·沃塞曼《美国政治基础》，陆震纶等译，中国社会科学出版社1994年版，第5页。

② 按照戴伊的定义，精英就是那些在大的社会机构中居于权威地位的人。戴伊：《谁掌管美国？——里根年代》，第10页。

③ E. E. Schattschneider, 1960, *The Semi - Sovereign People: A Realist's View of Democracy*, New York: Holt, Rinehart & Winston.

要等级制度和组织结构，他们支配着商业大公司，操纵整台国家机器并拥有凌驾于一般社会之上的种种特权。在米尔斯看来，美国的权力精英阶层由三类人构成：在经济的顶层，是商业界的大富豪和位居他们之下的大公司高级行政长官；在政治的顶层，是政治领袖和各个决策机构的负责人；在军事机构的顶层，是围绕在参谋长联席会议和军方高层周围的、身兼军职和政治家双重身份的人士。这些由商界、政界和军界高层构成的精英们，共同组成了美国的权力精英统治。[①]

在如今的美国，社会层次远未消失，树立在各阶级之间的城墙也没有坍塌的迹象。时至今日，身处社会顶层的精英依旧风光无限，享受着那些仍只是极少数人之间的游戏。目前美国大约有七千个重要职位，被六千左右人所掌控，其中有人身兼数职。这些重要职位囊括了国会议员、州长、将军、内阁部长及联邦机构负责人、法官和检察官、大学校长、大型商业机构负责人、基金会领导人、传媒精英、工会领袖、有影响的非政府组织领导人等，构成了国家权力的大脑和心脏。[②] 处于社会

---

① 查尔斯·米尔斯：《权力精英》，王崑、许荣译，南京大学出版社2004年版。

② 戴伊：《谁掌管美国？——里根年代》，第19—21页。

中、下层的美国人，在今天尽管可以得到并享受比他们前辈人更多的权利和物质财富，但对他们而言，权势及与之相匹配的社会地位等绝不比早年时期更容易获取。美国作为一个始终在精英阶层统治下的等级社会，它的阶级性在现代社会中变得更加隐蔽，主流意识形态已经把人们的阶级意识大为淡化。诚如爱德华·佩森所言，"阶级仍然是重要的，但也是……不易察觉的"；这种情况在美国"历来如此，今天也不例外"①。

在美国，精英阶层形成了一个属于自己的特殊亚文化群体。在这个默契的小圈子里，精英们按照某种秘不外宣的"潜规则"博弈。罗赛蒂特别强调，理解"华盛顿政治社团"的亚文化群是理解复杂的美国对外政策政治学的关键之一。所谓华盛顿政治社团，是指"成千上万与政府有关的人，尤其是那些处在权力顶峰、与政治休戚相关的人们"，这些人是美国精英阶层的核心人物和真正代表。每年一度的私人俱乐部春季豪华饮宴是美国最上层社会人际关系的一个侧面写照，它不但是"华盛顿高层人士的礼仪活动"，也是这个国家"阔佬、权贵和名流们的私人聚会"。届时，600 名美国最显赫、最知名

---

① 戴伊：《谁掌管美国？——里根年代》，第 262—263 页。

的人物会在希尔顿饭店大厅会聚一堂。工业巨头、金融
家、出版商和新闻界巨子、外交界的名人、最高法院的
长者、国会中的煽动者和鼓动家、现政府的高级官员以
及好莱坞的明星们摩肩擦踵、谈笑风生。自本杰明·哈
里森总统开始，每位美国总统在其任职期间，都会参加
至少一次这样的聚会。"华盛顿政治社团"的成员极为重
视彼此之间的社交关系网络，并信奉实用主义原则。① 在
这个圈子里，私人关系往往超越党派和意识形态的界限。
保守派和自由派的斗士在国会的辩论中争执得面红耳赤，
但"他们却在周末一起打网球或是在国会休息室一起调
笑"。"华盛顿政治社团"对美国最高权力的运行影响如
此重大，以至于对该社团所知甚少、往来不密切的政治
领导人，如卡特及其工作班底，在行使其权力时经常寸
步难行，而深谙其游戏规则的人，像里根与其工作班子，
便可实行更为便利和成功的统治。②

---

① 赫德里克·史密斯在《权力游戏——华盛顿是如何工作的》一书中，
总结了华盛顿政治社团的 8 个特点：（1）对政治专心致志；（2）追求权力、
地位和知名度；（3）重视关系网；（4）实用主义盛行；（5）废寝忘食地工
作；（6）使用行话；（7）普遍的孤独感；（8）男人统治。转引自罗赛蒂《美
国对外政策的政治学》，第330—331页。

② 同上书，第329—336页。

在精英阶层之下，人数众多的美国中产阶级和下层民众分属于不同地区或产业集团。由于人数众多、领域各异、分布广泛，导致了他们某种程度的软弱性和易受影响性，他们最终很难达成集体行动，来影响国家政策以确保自己的利益。① 米尔斯认为，美国社会的最底层是广大的、漠不关心政治的大众社会，他们在政治上是一盘散沙、毫无作为；中间阶层则呈现出政治多元性，由一股飘浮不定的、相互僵持制约的力量构成。总体来说，这两大阶层对美国政治几乎不产生实质性的影响。② 在主流媒体的大肆渲染下，美国给人的印象是一个由"积极进取"、"蒸蒸日上"的中产阶级或称"白领"阶层之利

---

① 奥尔森试图通过"搭便车"理论揭示这一表面特征背后的逻辑：对人数众多的社会阶层而言，搭便车的诱惑更大，因为其成员无能力为集团利益作贡献，但却可能从团体成功中获得收益。奥尔森认为，与那些无组织、人员规模庞大的集团相比，由于存在"选择性激励"，在实际博弈中，人数规模小、拥有有潜势成员，并存在某些"选择性激励"的集团更容易达成集体行动，并更加积极有效地保护和扩大自身利益。相关讨论可参见曼库尔·奥尔森《集体行动的逻辑》，陈郁等译，上海三联书店1995年版。

② 米尔斯：《权力精英》，第380—408页。

益所主导的国家。① 然而，事实却具有相当的讽刺意味。
米尔斯在其另一部力作《白领：美国的中产阶级》中指
出，由于社会形态迥异、物质利益矛盾、意识形态不一，
美国白领阶层的成员之间没有形成共同政治行动的同质
基础。即便他们之间确实存在某些共同的利益，这些利
益也不可能将他们凝聚为一个整体。社会学家普遍承认，
对于支撑起美国企业机构的受过良好教育的中产阶级来
说，所谓"美国梦想"并不真实，而且越来越渺茫。芭
芭拉·埃伦里奇在其新近畅销书《穷途末路的美国梦》
中，描述了那些对"美国梦想"深信不疑的美国中产阶

---

① 米尔斯指出，那些提出白领人士的权力将崛起的理论，主要依赖于
他们人数的增长和在大众社会的科层制度与分配运作中的不可或缺性。但
是，除非假定纯粹的自动的民主是建立在人数多寡之上的，否则一个阶层
单纯的人数增长并不意味着权力的增长。再者，除非假定职业功能能够转
变为政治权力，否则技术上的不可或缺性也不意味着一个阶层拥有权力。
他进而写到，美国白领阶层的成员不但没有渠道表达自己的利益，甚至没
有能力正确判断自己的利益所在："人们所感兴趣的不一定总是他们的利益
所在。"在这个问题上，米尔斯赞同李普曼的如下观点：公民不可能了解政
治走势、思考政治真相并依此理性行事。公民个人与权力决策之间宛若鸿
沟，这条鸿沟是通过大众传媒连接的，后者企图将大量的沟通压缩成简化
的标语口号，并缔造了一个由种种刻板印象组成的虚假环境。公民正是对
这个虚假环境做出了自己的反应，他们看不到在其背后的政治世界。查尔
斯·米尔斯：《白领：美国的中产阶级》，周晓虹译，南京大学出版社 2006
年版，第 9、259、280 页。

级的微观社会写照：他们获得大学文凭，具备了出色的专业技能、打造了令人印象深刻的简历，曾经把对哲学和音乐的热情搁置一旁，埋头苦读管理和金融等枯燥然而更实际的科目；而后，他们发现在这个国家，自己无法主宰自己的生活；他们一次次地陷入财务危机；他们中的许多人，曾经管理庞大的团队，执掌大笔的资金，从头到尾酝酿和执行重要的项目——有些人甚至刚刚受到极度的赞誉，要求他们收拾东西走人的通知就如晴空霹雳一般降临；他们"按规则出牌"，"每件事都做对"，但他们的生活最终沦为一片废墟。[①] 在政治领域，美国的中产阶级是一群默默无闻之辈。美国两大政党在制定其政治纲领时，从不直接诉诸这一阶层。[②] 马萨诸塞州的民

---

① 芭芭拉·埃伦里奇：《穷途末路的美国梦》，严丽川译，中信出版社2006 年版。

② 米尔斯对美国白领阶层的状况及其地位的如下揭示和描画尖刻却又入木三分："就其内心而言，他们是分裂的和支离破碎的；而从外部来看，他们则依附于更强大的势力。……即使他们获得了行动的意愿，由于缺乏组织性，他们的行动与其说是一场运动，不如说是由互不关联的竞争酿就的纠葛。""他们是一些'新型的小马基雅里主义者'，为了薪水和其他人的利益，他们按照凌驾于他们之上的那些人制定的规则，玩弄自己的个人技巧。""白领人士分散在权力车轮的四周：没有人会对他们投以热忱；同时，就像那些政治宦官一样，他们自己对那些紧迫的政治争端也没有任何潜能和热情。""因为他们是由非常广泛的处在中间状态的职业群体构成的，所以中产阶级尤其容易受到许多交叉压力的影响，同时也容易受到那些或

主党众议员巴尼·弗兰克的话印证了米尔斯的论点，他说："有时我认为这里没有代表的惟一一批人就是中产阶级。"①

在阶级和等级观念方面，美国是一个具有保守传统的国家。大多数人只知道美国社会是主张自由、平等和民主的洛克式自由主义社会，但却忽略或有意回避了它的另一面，即它同时也深深根植于主张权威、等级和精英主义的柏克式保守主义。在美国的上层社会中，这种等级观念上的保守主义尤为明显。克里斯托指出，美国的开国元勋们并非民众主义者，他们竭力实现的目标是让美国政体免遭多数暴政的侵害；两院制议会、三权分

多或少决定着现代社会的结构和氛围的较大势力的影响。""因为他们不能在某个集团稳操胜券之前投身其中，只是在大局已定之后才做出选择，他们也不可能成为政治上的'平衡木'。""他们在政治上也许容易激动，但却缺乏政治热情。他们是合唱团，因为胆怯而不敢张口，遇到掌声又会歇斯底里。他们是一群后卫。短期内，他们会惶恐不安地追求声望；但从长远看来，他们会追逐权力，因为说到底，声望是由权力决定的。与此同时，在美国社会的政治市场上，新中产阶级正在高声叫卖自己；任何看上去足够体面、足够强大的人都可能占有他们。但到目前为止，还没有人认真出个价。"米尔斯：《白领：美国的中产阶级》，导言，第1、7—9页，正文第258、280—281页。

① 彼得·沃尔主编：《美国政府内幕——人物与政治》，李洪等译，社会科学文献出版社1992年版，第123页。

立和宪法本身都带有避免民众暴政的意图。① 美国新保守主义者施特劳斯就是一个彻底的精英主义者，他极力推崇由少数人统治的等级制度，其理想中的政治方案是在自由民主制中确立贵族统治，而这也正是当年汉密尔顿心向往之的美国政治蓝图。在施特劳斯眼中，民主的实质取决于由谁来形成人民的意志。② 他经常引用色诺芬的如下观点：最好的政权是假扮成民主的贵族统治。③ 正如德鲁里总结的那样，保守主义者理想中的社会是"基于较高等级和较低等级之间的相互服务和彼此忠诚"的社会。④

精英阶层的成员有时并不避讳他们的等级观念和优越感。被比尔德尊为美国"新制度巨灵"的汉密尔顿就公开推崇贵族政治。他曾直言不讳地说："尽管人们时常引用并信奉'人民的呼声是上帝的呼声'这一格言，但事实上这并不是真理。人民总是扰攘不安的，他们很少判断或做出正确决定。因而，应该使少数富人阶级在政

---

① 转引自德鲁里《列奥·施特劳斯与美国右派》，第 187 页。

② 同上书，第 101 页。

③ 转引自瓦西利斯·福斯卡斯、比伦特·格卡伊《新美帝国主义：布什的反恐战争和以血换石油》，薛颖译，世界知识出版社 2006 年版，第 87 页。

④ 德鲁里：《列奥·施特劳斯与美国右派》，第 169 页。

治上享受永久的特权地位，他们可以阻止多数阶级的骚动。"①

即便是极力倡议社会平等的民主共和党领袖麦迪逊，也曾煞费苦心地对建立在财富分配巨大差距基础上的美国社会做出了哲学上的辩护。他将获取财产的能力和获得财产的权利结合在一起，对社会"平等"的内涵做出有利于精英阶层的诠释。② 财产权利本身源于"能力的差异"，如此一来，对获取财产能力的保护便以获得财产权利的名义得以确立，依据财产划分的社会等级差异由此在"平等"的帷幕下产生。

在美国精英阶层的眼中，所谓民众倾向，从某种意义上来说是一种可以被创造、被调动并可借以利用的情绪。凯南指出："如果我们要消极无为，将自己知道的埋在心里，说'我们自己的看法不掺和进来，我们恰恰只是做人民告诉我们去做的事情'，那么我们确实将是我们国家的非常糟糕的代表。"③ 又如亨廷顿所讲，在美国

---

① 转引自比尔德《美国宪法的经济观》，第 137 页。

② J. 波尔：《美国平等的历程》，张聚国译，商务印书馆 2007 年版；Jennifer Nedelsky, 1990, *Private Property and the Limits of American Constitutionalism: The Madisonian Framework and its Legacy*, Chicago: University of Chicago Press。

③ 转引自加迪斯《遏制战略：战后美国国家安全政策评析》，第 49 页。

"权威寓于许多机构之中，每一机构皆可标榜其来源于民，从而为自己的权威辩护"；然而，"主权在民之说同主权在神之说一样含混不清，人民之声和上帝之声一样，也可呼之即来"①。在《美国人及其外交政策》一书中，阿尔蒙德更将理想中的美国及世界描述为如下图景：芸芸众生情愿受控于精英集团，而这些精英分子又是在社会科学家和宣传家所特意安排的"提示音"和"符号"中训练出来的。②他充实了十年前获得洛克菲勒基金会资助的"拉斯韦尔理论"，即美国社会的精英应系统地掌握大众的情绪，以保护民主免受其专制敌人的危害。③

---

① 亨廷顿：《变化社会中的政治秩序》，王冠华等译，生活·读书·新知三联书店 1989 年版，第 98 页。

② Gabriel A. Almond，1950，*The American People and Their Foreign Policy*，New York：Harcourt，Brace.

③ 详见哈罗德·拉斯韦尔《政治学——谁得到什么？何时和如何得到？》，杨昌裕译，商务印书馆 1992 年版。该书写于 1936 年，是行为主义学派在这一时期的代表性著作之一。作为行为主义学派的先驱者和重要代表人物，拉斯韦尔提出，政治学是对权势和权势人物的研究。所谓权势人物，就是在可以取得的价值（如尊重、安全和收入）中获取最多的那些人。取得价值最多的人是精英，其余的人是群众。精英驾驭环境，达到自己特定目标的主要手段是运用象征、暴力、物资和实际措施等方法。拉斯韦尔着重从象征之于精英统治重要性的角度，运用了大量的历史资料和统计数据，对象征行为进行了详细透彻的"行为主义法"研究分析，说明了象征对于精英维护其统治合法性的重要地位，象征对国家的"危机"解除的作用，另外，象征在革命中也占有十分重要的地位。

在国家事务的操作层面，精英阶层的行为则代表着美国的"国家行为"。相对于国内事务，精英阶层在对外事务上主导美国行为的印记更为明显。美国公众通常不愿理会那些含义还不够明确的政策，对需要长期谈判的复杂外交难题表现得很缺乏耐心或漠不关心。同公众相比，美国精英人士显然对国际社会——这一与之商业利益密切相关的领域抱有更大的热情并投入更多的关注。长期以来，民意测验的结果都证明，广大美国公众对国际事务所知甚少。① 如此一来，精英阶层对美国的对外行为便拥有了更多的独立决策空间。

这里特别需要补充的是，由于具有共同的社会经济背景、相似的社交阅历和职业上的相互影响，因而美国精英阶层的联合有着同质的心理和社会基础。② 进而，在

---

① 1978 年，美国在同苏联进行了近 10 年限制战略武器谈判之后，最终达成了两项重大协议。然而，在同年晚些时候的一次民意测验中，只有 34% 的美国人能正确回答参加这项谈判的两个国家的名字。参见亨特《意识形态与美国外交政策》，第 194 页；David W. Moore, 1979, "Salt and Beyond: The Public is Uncertain", *Foreign Policy*, No. 35, pp. 70 - 71。2002 年美军占领阿富汗首都喀布尔之后，在接受国家地理学会调查的 18—24 岁的美国青年中，有 85% 的人在地图上找不到这两个国家，69% 的人找不到英国，29% 的人找不到太平洋。

② 米尔斯：《权力精英》。另可参见艾本斯坦《势利：当代美国上流社会解读》，晓荣、董欣梅译，社会科学文献出版社 2007 年版。

涉及国家基本制度、价值理念、国际秩序等一系列重大
原则问题时，他们通常具有高度的共识。在重大原则问
题上拥有共识，并不意味着他们之间不存在分歧或冲突。
确实，不同精英所代表或控制的集团之间的矛盾甚至会
显示出不可调和性。然而，这类分歧或冲突往往是在既
定制度下的利益争夺，也源于对实现共同目标之途径的
理解差异。①

---

① 在美国政治学中，关于"谁统治美国"这一问题有两种基本观点，
即精英主义观点和多元主义观点。后者认为，美国的掌权者之间存在高度
的竞争性，权力是分散化的，而且当选者行为总会受到选择责任的制约，
选举和利益集团为普通民众进入政治系统提供了广泛的机会。还有人试图
综合上述两种观点，创造了所谓"多元精英"论（plural elites），把美国权
力结构比作一个个金字塔，每个金字塔的顶部都是一个精英集团；各个权
力金字塔之间相互作用，其中最重要的是各个权力精英集团要达成按宪法
游戏规则行事的共识，并限制各自的追随者使用暴力。有关论述可参见迈
克尔·罗斯金、罗伯特·科德、詹姆斯·梅代罗斯、沃尔特·琼斯的《政
治科学》一书第 5 章"实际民主：多元主义和精英主义的观点"，林震译，
宁骚校，华夏出版社 2001 年版，第 82—100 页。在我们看来，"多元主义"
的解释总体上讲所支持的恰恰是"精英主义"观点。在美国，选举仅是允
许人们表达"温和的愤怒，并质疑某一特定的政治议案，同时加强对这个
体系的基本理性和民主本质的信念"。此句引文来自 Murray Edleman, 1964,
The Symbolic Uses of Power, Urbana, IL: University of Illinois Press, p. 17, 转
引自《政治科学》，第 98 页。

◇◇（二）利益集团与党派政治：对美国社会的横向考虑

对美国社会的纵向考察使我们看到美国是一个由上层精英主导的国家。从横向看，我们很容易发现美国社会内部充斥着大量利益相互重叠或竞争的利益集团。美国的利益集团政治之发达，其对国家政治决策过程影响之巨大，在世界上首屈一指。特别是 20 世纪 60 年代后期以来，美国利益集团不但数量迅速增加、活动范围大幅扩展，其对政府决策的干预程度也不断加深。[①] 这些数目众多、对政治决策形成压力的利益集团在很大程度上，是代表社会较高阶层内部利益的横向组织。沙特施奈德指出，关于利益集团的现有资料足以证明，在美国的政策压力体系中，那些社会下层成员的利益得不到代表。[②] 巴卡拉克和巴拉茨的研究同样验证了这一结论。[③] 总之，大量关于利益集团

---

① Jeffrey M. Berry, 1984, *The Interest Group Society*, Boston: Little Brown, pp. 20 – 26.

② Schattschneider, 1960.

③ Peter Bachrach, and Morton S. Baratz, 1962, "Two Faces of Power", *American Political Science Review*, Vol. 56, No. 4, pp. 947 – 952.

的研究表明，美国利益集团的游说活动在很大程度上是属于社会精英的政治行为，利益集团实力的增长使制度和政策不断倾向于这些可以获得充分代表的人群。

概括地说，居于历史核心位置的社会集团有两大类，即以赢利为目标的商业集团或商人集团、由公共权力运用者组成的官僚集团或政治集团。尽管两大类集团存在一定的交叉，但从社会政治制度上看，大体上还是以两种模式存在：一类是官僚集团控制商人集团，另一类是商人集团控制官僚集团。现代社会运动发展过程中起决定性作用的便是这两个集团之间的关系。按此分类，美国便是一个典型的商人集团控制官僚集团的国度。① 精英在此随之被区分为商业精英和官僚精英。这样一来，两大集团之间的关系，尤其是两大集团内部各"子集团"之间的共谋与竞争，也就转换成了商业精英与官僚精英

---

① 参见张宇燕和富景筠《美国历史上的腐败与反腐败》，《国际经济评论》2005 年第 3 期。我们进一步将政府的基本类型归结为体制型政府和收买型政府。在体制型政府中，官僚集团控制商人集团。其典型的例子是晚明中国的官商依附关系。在收买型政府中，商人集团控制官僚集团。西方民主代议政体中的官商关系大多系属此类。张宇燕、高程：《美洲金银和西方世界的兴起》，中信出版社 2004 年版；《海外白银、初始制度条件与东方世界的停滞——关于晚明中国何以"错过"经济起飞历史机遇的猜想》，《经济学季刊》2005 年第 4 卷第 2 期；《阶级分析、产权保护与经济增长》，《经济学季刊》2006 年第 6 卷第 1 期。

之间的关系，以及商业精英内部为争取、影响或控制官僚精英的博弈。这一切构成了具有典型意义的、美国式的集团政治或党派政治。① 表面上看，美国的党派政治力求使公平、秩序和自由各得其所，但实际上美国社会政治体制得以运转的动力和润滑剂均来自这些形形色色的利益集团，其间的斗争和妥协决定了美国政策的方向和力度。② 利益集团在美国政治体系中的地位如此重要，以至于"集团理论"发展成为一套成熟的政治理论。该理论的核心正是将政治过程的一切方面都归结于利益集团作用的结果。关于政治从根本上说是集团过程的思想，

---

① 我们的上述想法，受到了沃利斯著述的极大启发。沃利斯将官商勾结形式分为体制型腐败（systematic corruption）和收买型腐败（venal corruption）。在体制型腐败中，统治集团通过有选择性地授予经济特权或限制准入来创造经济租金，并利用经济租金巩固、加强其对政府的控制。这类官商勾结形式的基本特征是统治集团操纵经济系统，政治过程腐蚀经济生活；商人集团的权利时刻受到来自政治权力的威胁，以至于他们不得不投靠、依附于政治权势集团。在收买型腐败中，商人集团通过行贿统治集团影响立法司法、政府管制和政策制定，并最终服务于自身的特殊利益。此等官商合作形式的显著特点是商人集团操纵政治，经济利益腐蚀政治过程。John Wallis, 2004, "The Concept of Systematic Corruption in American Political and Economic History", *NBER Working Paper*, No. 10952。

② 关于美国利益集团及其组织、游说活动，以及这些活动如何对政策制定施加影响的全面描述和分析，可参见 Berry, 1984。

至今在美国从未受到实质性的挑战。①

　　集团博弈与党派政治在美国由来已久。托克维尔称，美国是"世界上最便于组党结社和把这一强大行动手段用于多种多样目的的国家"。② 在《联邦党人文集》第十篇中，麦迪逊谈到，党争就是"一些公民……团结在一

---

　　① "集团理论"的起源至少可以追溯到约翰·卡尔霍恩的著作《有关政府的专题研究》。该书出版于作者去世后的 1853 年。卡尔霍恩在书中陈述了集团理论的根据和含义。20 世纪之后，集团理论真正被人们所接受。1951 年，戴维·杜鲁门在《统治的过程》一书中正式给"利益集团"下了学术定义："利益集团是任何建立在享有一个或更多共同看法基础上，并且向社会其他集团或组织提出某种要求的组织。"这一定义强调了利益集团的核心要素是共同的利益诉求。戴维·杜鲁门的著作出版后，许多政治学家开始专注于政治的"集团理论"研究。其中《政府过程》一书的作者阿瑟·本特利被称为利益集团理论的鼻祖。奥尔森等学者将传统政治学的集团理论与经济学的产权理论结合，提出了产权的利益集团理论。该理论旨在解释，在政治市场中各个利益集团的相互作用如何导致产权结构的形成。在他们的分析过程中，政府被视为相互竞争的利益集团通过一定方式达到均衡时的政治市场。总体来说，所有的利益集团理论都有两个共同前提：其一，个人在政治过程中的作用只有通过集团才能表现出来；其二，政治利益集团的相互作用产生国家利益。Arthur Bentley, 1967, *The Process of Government*, Cambridge: Belknap Press of Harvard University Press; David B. Truman, *The Government Process*, New York: Alfred Knopf; Mark P. Petracca (ed.), 1992, *The Politics of Interests*; *Interest Groups Transformed*, Boulder: Westview Press; 谭融：《美国利益集团政治研究》，中国社会科学出版社 2002 年版，第 21 页；奥尔森：《国家兴衰探源——经济增长、滞胀与社会僵化》（1995），吕应中等译，商务印书馆 1999 年版。

　　② 托克维尔：《论美国的民主》，第 213 页。

起，被某种共同情感或利益所驱使，反对其他公民的权利，或者反对社会永久的和集体（的）利益"。他认为党争不可避免，因为它基于利益分歧。"造成党争的最普遍而持久的原因，是财产分配的不同和不平等。有产者和无产者在社会上总会形成不同的利益集团。债权人和债务人也有同样的区别。土地占有者集团、制造业集团、商人集团、金融业集团和许多较小的集团，在文明国家里必然会形成。"它们被"划分为不同的阶级，受到不同情感和见解的支配"。而管理这些"各种各样、又互不相容的利益集团"，并且"把党派精神和党争带入政府的必要的和日常的活动中去"，在麦迪逊看来，这正是现代立法的主要任务。[①]《美国政治》一书的作者维尔亦指出，美国政党政治和利益集团政治纵横交错、相互交融，形成一种不断变化的立法和行政机构格局；这一格局的演变趋势是，政党和利益集团之间的界限逐渐模糊，利益集团与政府机构本身合为一体。[②]

　　自建国以来，美国一直表现为商人集团和官僚集团

　　[①]　詹姆斯·麦迪逊：《联邦党人文集》，第十篇，程逢如等译，商务印书馆 1980 年版，第 45—47 页。关于美国政党斗争的历史可详见查尔斯·比尔德《美国政党斗争史》，自明译，神州国光社 1934 年版。

　　[②]　维尔：《美国政治》，第 107—108 页。

主导和互动的国家。在其历史的绝大部分时间里，商人集团有效地控制着政府所代表的官僚集团。① 独立战争源于北美商人集团的壮大。当时的北美商人需要一个强大的民族国家做后盾，出面保护他们的财产利益，帮助他们与包括英国在内的其他国家进行竞争。以脱离英帝国

---

① 19 世纪后半期到 20 世纪初，美国商人集团对官僚集团或政府的控制程度达到高峰。这种控制依赖于一种被称作"政治机器"的政治组织和以其为中心的制度安排。该政治机器运行的机理在于权钱（或工作岗位）交换，其发动机是在政治家或政客与利益集团或选民之间扮演桥梁作用的所谓"老板"。老板在政治机器体制中的地位举足轻重，其主要职责是为政党候选人筹措竞选经费，代为征集选票，甚至直接出马参与竞选，并在选举胜利后主导政府职位分配，或用政府掌握的经济利益和好处来犒劳追随者。政治机器兴盛于 19 世纪晚期至 20 世纪 20 年代。它不是按照正常的法律程序，而是通过老板和各利益集团的幕后交易来运转的。鉴于地方政府的职位均由竞选获胜者控制，故公职人员大都与当政者有着切身的利害关系。由庞大的官僚体系负责执行以恩惠换选票的具体操作，乃政治机器的另一大特征。在这一过程中，选民期待政府维护自身利益、提高福利水平，政党则以利益分赃为诱引招揽选票，官僚为保住饭碗或扩大利益而介入其中，老板及其帮凶游刃有余于三者之间。至 1890 年，政治机器已控制了美国 20 个大城市中的一半以上，并支配着当时绝大多数的美国城市政府。详见 Steffens, 1957。关于商业界，特别是金融集团操纵美国政治、经济历史的论述可详见维克托·佩洛《美国金融帝国》，玖仁译，世界知识出版社 1958 年版；约翰·戈登《伟大的博弈——华尔街金融帝国的崛起（1653—2004）》，祁斌译，中信出版社 2005 年版；宋鸿兵编著《货币战争》，中信出版社 2007 年版；泰德·纳杰《美国黑帮：公司强权的扩张和民主制度的衰落》，汪德华、张廷人译，中信出版社 2006 年版。

实现自治为政治目标的独立战争之爆发，其核心原因正是北美商人集团对于一个可以有效执行其意志、对其财产实施歧视性保护的权威官僚机构的强烈需求。1787 年制定的联邦宪法完成了这一历史使命，它将国家权力交付到一个代表商业利益的统一的联邦政府手中。南北战争的政治目标在很大程度上是独立战争和制宪运动的延续，其结果意味着生产性最强的美国东北部工商业集团的财产利益在政治上进一步得到了巩固和加强。国家或其官僚集团一方面通过议会制定的法律及政府推行的以关税保护和国民银行为核心的贸易、金融政策，对工商业集团给予制度上的特别支持；另一方面，美国外交战略的制定和调整以及军事力量的建立，都是以保护和扩大商人集团财产利益为核心目标的。在国家力量的庇佑和支持下，美国商人建立了自己的工商业体系，并开始投入到对世界资源的争夺之中，而这一过程是与美国国家实力和政府权力的迅速扩张同步进行的。

在经历了商人集团控制官僚集团的漫长历史之后，尽管官僚集团的影响力从罗斯福推行"新政"以来已经得到大幅度提升，两大集团的力量对比也发生了较大变化，但商人集团在相当意义上仍然占据优势，美国的立法、行政和司法体系也在很大程度上仍继续扮演着商人集团保护人的角色。在当今的美国，性质不同的利益集团虽然数目巨大，但真正能够决定美国国家政策的力量，仍旧集中分布于那些最有钱的、同时也是在政治决策过程中最有影响力的商业利益集团。[①] 奥尔森指出，在美国社会中，商业界拥有的利益游说团体数目最多。由于美国的商业利益通常集中于垄断性集团或企业之手，因此商业集团一般能够自动且直接地组织起来，并达成强化其共同利益的集体行动。面对其他利益集团组织松散这一事实，商人集团的组织程度之高显得格外突出，以至于"在华盛顿设有办事机构的众多集团组织中，它们所代表的利益没有一个比美国产业界更充分、更综合、更有效"。在美国，许多人对商业组织在美国民主中的力量之强大感到惊讶；由社会少数人组成的商界组织在美国政治中行使着巨大权力，这使得热衷于民主的人士困惑不解。[②]

美国的政策大多是商业集团内部不同的派别相互斗争、妥协，以及它们与官僚政府之间博弈的产物。美国

① 沃塞曼：《美国政治基础》，第182页。

② 奥尔森引证说，1946年和1949年，总数1247个社会组织中有825个代表商业利益。在《社团百科全书》的目录中，"贸易、企业和商业组织"加上"商会"，其页数是"社会福利组织"的十几倍。伯恩斯和佩特森称，商人"联谊会"是所有组织中种类最多、为数最大者。参见奥尔森《集体行动的逻辑》，第173—175页。

存在着一个由利益集团和政治人物组成的、势力庞大的
"政治市场"。一方面，利益集团在游说活动中努力追求
其最大的投入回报；另一方面，政治人物通过提供保护
主义政策，来获得利益集团对其竞选的支持。[①] 商业集团
影响公共政策以求最大限度地谋求自身特殊利益的途径，
主要有六个渠道。[②] 其一是所谓的"旋转门"机制，即个
人在公共部门和私人部门之间双向转换角色、穿梭交叉
为利益集团牟利的机制。其二是选举。尽管几乎所有大
型组织都宣称自己是非政治的，但几乎所有利益集团都
党同伐异，力求通过政治捐款来推出能够照顾自身利益
的政治家。其三是积极介入政府管制形成过程。美国联
邦独立机构和各个内阁部门必须在《联邦文档》公布拟
议的各项规章条例，并在它们正式出台之前欢迎所有回
应。而利益集团具有迅速接近规章制定过程并做出反应
的能力。其四是游说，即利益集团直接向国会议员或政
府官员陈述其立场和观点以影响决策。其五是诉讼。当
利益集团发现正常的政治渠道不畅通时，它们便会借助

---

① 汪熙编：《美国国会与美国外交决策》，复旦大学出版社 1990 年版。
② 据 1985 年的一项调查，美国利益集团的游说方式竟多达 27 种。具体
情况参见周琪主编《国会与美国外交政策》，上海社会科学院出版社 2006 年
版，第 239—242 页。

法庭或法官判决来影响公共政策。其六是劝说，即利用媒体、信件与宣传材料以及面对面交谈等，在选举期间影响选民，在其他时间促使选民与他们的代表保持联系。企业在这方面享有特殊的有利条件，因为其所有者和经营者拥有利用宣传机器的金钱。①

商业利益集团通过其成立的"政治行动委员会"（简称 PAC），直接影响和干预美国的政治选举过程。PAC 是完全合法的利益集团组织，它通过控制竞选捐助和直接游说来向国会中有权势的议员施加压力，以保护自身的利益。美国政治中流行一句俗语："金钱是政治的母乳。"这一黄金规律导致 PAC 成为美国当今政治中的一支重要力量。商业集团通过 PAC 选择政治捐款的对象，并以此来支持或反对某位政治候选人。② 据统计，如

---

① 伯恩斯等：《民治政府》，第 300—311 页。

② 值得特别说明的是，右派学者列维特就美国参议员针对国会提案的投票行为进行研究，得出了相反的结论。他认为，美国议员的投票行为不会受到金钱及政党太多干涉，能保持自身的独立性。列维特沿用 ADA 分数（即 Americans of Democratic Action Score，用来度量议员政治倾向和政治行动的标准），对 1970—1990 年间 112 名议员的 1259 次投票结果进行了数据处理，其检验结果表明：全州支持者偏好在议员投票行为中的作用是 10%—13%，与议员所在选区支持者偏好所起的作用相仿，两者相加所起的作用为 22%；政党路线虽然也影响议员的投票行为，但在其中所起的作用较小；剩下的部分可全部归结为议员自身观念的作用，占到了 50%—70%，它是议

今美国 57% 以上的政治捐款是由 180 个 PAC 所提供的，其中近 1/3 的捐款来自规模最大的 33 个 PAC。那些对选举起决定作用的 PAC 大多从属于商业集团。政治候选人争相谋取大型商业 PAC 的支持，因为这些 PAC 的影响很大，其他 PAC 一般唯其马首是瞻，一旦得到它们的支持，候选人就容易获得同类 PAC 源源不断的捐助。对 PAC 经费的依赖使当选议员在国会的立法中通常把大的商业集团之利益置于优先考虑的位置，并经常根据这些集团的意愿来投票。[①]对此，一位美国国会议员感叹道："这是一个无法改变的简单事实，当大量金钱流入政治角逐场所时，大量的义务也就承担下来了。"一位愤世嫉俗

员投票行为的决定变量。作者因此得出如下结论：美国议员在投票时主要根据自身观念做出判断，不会太多受其他因素左右。尽管在大量数据中进行样本选择之时，难以避免存在刻意验证其结论和倾向的嫌疑，而且将除地域及政党影响外的其他投票行为统统归结为议员自身观念偏好因素，也值得商榷，但列维特的研究确实对美国政治市场是否存在，以及在多大程度上存在"金钱政治"的市场交易行为，提供了富有价值的参考意见。Steven D. Levitt, 1996, "How Do Senators Vote? Disentangling the Role of Voter Preferences, Party Affiliation, and Senate Ideology", *American Economic Review*, Vol. 86, No. 3, pp. 425 – 441。

① 张立平：《美国政党与选举政治》，中国社会科学出版社 2002 年版，第 190、213—215 页。

的说客也无可奈何地断言："企图让这个政治制度清除金钱的罪恶，就像制定一个让十几岁的孩子不得考虑性问题的法律一样……你需要的不是法律而是脑白质切断术。"①

通过政治竞选者对大型商业 PAC 的"朝觐"过程，我们可以看到美国商业集团控制官僚集团的一个缩影。美国各地的国会竞选者成群结队地来到华盛顿寻求 PAC 的捐款，这种"朝觐"仪式已经成为国会竞选活动中不可分割的一部分。工商业 PAC 的政治战略家巴迪说："差不多每一个（政治候选）人都要来到这里。"住宅承建商全国协会政治事务副主席贝克特也感慨道："要让他们中的大部分人离开华府是很难的。"② 到华盛顿朝觐

① 关于美国竞选经费的改革受商业利益影响一直受挫，以及政治捐款如何对政治候选人施加影响的翔实内容，参见 Elizabeth Drew, 1983, *Politics and Money：The New Road to Corruption*, New York：Macmillan。关于金钱与美国政治选举之间的关系另可参见李道揆《美国政府和美国政治》，社会科学文献出版社 1990 年版，第 188—200 页。

② 贝克特直言道："把一个家伙带到这里来反对一个在 90% 的情况下投票赞成我们立场的现任议员——我们已经混得很熟的那类家伙——是荒唐的。……我曾遇见过一些家伙，他们从我这里得知了我们全部的意图之后，又问我怎样接近另一个 PAC，而那个 PAC 我知道也正打算支持在位议员竞选连任。天哪，到了那天的末了，这家伙差不多完全垂头丧气了！"转引自沃塞曼《美国政治基础》，第 189 页。

PAC 的政治候选人不但人数逐年增加，而且其朝觐的时间也越来越提前。通常大选日刚过，着眼于未来两年竞选而进行的朝觐便开始了，随后这支队伍会"首尾相接地到来"。大型 PAC 在很大程度上决定着候选人的政治前途，也决定着现任议员或官员的政治命运。从大型 PAC 负责人不时透出的居高临下和不屑一顾的口吻中，我们可以听出美国官商关系的端倪。在 PAC 的办公室里，政治候选人和一个急于申请工作者面对潜在雇主时的紧张心情大致相同，因为那些可望成为国会议员的人若有上佳表现，将可能引起整个 PAC 圈子对他竞选活动的兴趣；而一次糟糕的亮相则很容易把他挡在 PAC 金库的门外。他们必须努力"使 PAC 在为他们花钱时确信，他们是能战斗到最后胜利的人"。在一次对 PAC 的成功"朝觐"之后，政治候选人还必须动用各种手段，努力争取 PAC 圈子对他的竞选进程投以持续的关注。正如美国政府一位咨询专家所说，向 PAC 筹集捐款对政治竞选者而言，差不多已变为"一项不间断的公关工作了"。[1]

　　影响巨大的游说公司主要是设在华盛顿和纽约的二三十家"超级"律师事务所。随着现代社会的复杂性日

---

① 维尔：《美国政治》，第 143、156—157、160、162—163 页。

益提高，社会对规章制度的需求也急剧增长，通晓相应规章制度及其形成过程者愈发显得重要。这些扮演游说公司角色的律师事务所不仅在法庭上，而且更重要的是在国会和联邦机构中，无一例外的都是巨型公司（如通用汽车公司、美国电报电话公司、杜邦公司、哥伦比亚广播公司等）委托人的代言者。此外，成为超级律师事务所的合伙人是美国律师界的最高追求。这些高级合伙人普遍认为，担任公职是他们的义务。美国前国务卿杜勒斯、艾奇逊、万斯乃至前总统尼克松均来自这些超级事务所。与此同时，许多超级事务所的创办人或合伙人就曾是政府高官或国会议员。担任过杜鲁门总统顾问的克拉克·克利福德在白宫任职五年后，在华盛顿建立了自己的律师事务所。他的第一批大委托人包括菲利普石油公司、加利福尼亚石油公司和宾夕法尼亚铁路公司等。甚至在杜鲁门离任后，他的生意仍然十分红火，原因之一在于他的密友斯图尔特·塞明顿还在担任参议院军事委员会主席。生产军用飞机的大厂家麦道公司自然也成了他的委托人。① 由公职人员摇身一变成为利益集团的代

---

① 戴伊：《谁掌管美国？——里根年代》，第 179—188 页。有关华盛顿主要律师事务所与委托他们游说的商业利益集团之间关系的更为详尽的内容，参见 Joseph Goulden, 1972, *The Superlawyers*, New York: Dell。

言人或说客，业已成为美国众多的政府官员、议员和政府与国会助理离任后的生财之路。在 20 世纪 90 年代，公职人员贩卖政治资本就已成为美国"最兴旺的一门行业"。① 近些年来，他们穿梭"旋转门"的频率急剧加快。从国会通往游说公司云集的华盛顿哥伦比亚特区 K 街的道路上人头攒动，这些具有政治影响力的前公职人员掀起了前所未有的"淘金热"。② 利益集团首要的游说对象一般是国会议员。因为国会的定期选举使得议员对利益集团的压力比较敏感，而且公共政策必须经过国会立法才能执行，因此议员的政治权力和影响力很大。③ 在相当意义上，国会俨然成为一个讨价还价的政治市场。在那里，议员们对各种利益集团的直接压力、利益集团施加给联邦政府各部门进而由后者反馈给国会的间接压力进行评估与调和，以便在立法层面上进行取舍，达成妥协。美国联邦政府和各级政府也为利益集团进行多重博弈提供了政治活动平台。④

---

① 沃尔主编：《美国政府内幕——人物与政治》，第 117 页。

② Jeffrey H. Birnbaum, 2005, "The Road to Riches Is Called K Street", *Washington Post*, June 22.

③ 周琪主编：《国会与美国外交政策》，第 238 页。

④ 王缉思主编：《高处不胜寒：冷战后美国的全球战略和世界地位》，世界知识出版社 1999 年版，第 92 页；维尔：《美国政治》，第 108—110 页。

官商勾结的最具戏剧性的场所，就是位于美国首都华盛顿的那个著名的、同时也是无形的"旋转门"。华府权贵们可能昨天还是受人民委托、保护国家利益的议员和政府官员，今天摇身一变就成为某个大公司的代言者。有些人甚至不等转过这道门就公然身兼两任——既是民意代表，又接受商业私家委托。① 大体而言，"旋转门"机制可以被归为两类。第一类是由产业或民间部门进入政府的"旋转门"，这主要是指公司高级管理人员和商业利益集团游说者进入联邦政府并担任要职。由于其特殊背景，在政策制定和实施政策与管制过程中，他们不可避免地会偏袒特定的商业利益集团。第二类是由政府进入私人部门的"旋转门"。其中又有两种情况：一为公职人员跳入薪俸丰厚的私人部门，并在新职位上利用以前的行政工作经验或政治影响为私人雇主在联邦政府采购和管制中求得收益，从而使受雇公司在市场竞争中占据有利位置；二为政府与说客之间的"旋转门"，即离任的国会议员或行政部门高官效力于游说公司，他们运用在公共部门任职期间搭建的关系网和影响力为游说公司客

---

① 王缉思主编：《高处不胜寒：冷战后美国的全球战略和世界地位》，第92页。

户争取利益。概言之，商业利益集团重金收买公职人员、公职人员贩卖其政治影响，这两点构成了政治和金钱交易之渊薮的"旋转门"的基本特征。在当今美国，司空见惯且运转良好的"旋转门"机制为商人集团借助公共权力牟取利益的行为披上了合法的外衣。[①] 在这层外衣之下，利益集团凭借游说、收买或控制政府的手段来实现一己之私的现象或存在，深深根植于美国的政治文化传统，被称作除行政、立法和司法之外的美国"第四权力中心"。

美国经济学家们对政府管制和立法过程等进行了深入讨论，系统地把制度与政策形成之过程纳入了所谓"新政治经济学"分析。产生于美国经济学界的"寻租"理论和"俘虏"理论，正是对这一议题的理论总结。安妮·克鲁格最早使用了"寻租"这一概念。她分析了商业集团与政府之间出现"寻租"活动或形成租金的动力

[①] Revolving Door Working Group, 2005, "A Matter of Trust: How the Revolving Door Undermines Public Confidence in Government – And What to Do about It?" October. 亦可参见张宇燕、富景筠《当代美国的腐败》，《国际经济评论》2006 年第 6 期。

和过程。[①] 随后，塔洛克、托里森为这一理论提供了系统性的解释和概括。[②] 布坎南、本森等学者对"寻租"理论在美国的适用性进行了实证检验，并就美国的经验样本得出如下结论：现代议会制民主政体由投票联盟支配，这类联盟往往受惠于大的工商业利益集团。[③] 如此一来，议会的多数就会向他们的客户集团提供歧视性的保护和优待，这种现象在美国被称为"投桃报李"（log rolling）；"投桃报李"行为极大地助长了政治性再分配和"寻租"活动的兴起。[④] 斯蒂格勒等学者提出的"俘虏"理论和与之相关的产业组织理论，同"寻租"理论对政

[①] 安妮·克鲁格认为，同样的生产要素（货币、土地、技术等）在特殊条件下获得的报酬与在正常条件下的收益存在差额，就会出现"寻租"行为。政治"租金"的存在会吸引利益集团去游说政府以改变其政策。Anne O. Krueger, 1974, "The Political Economy of the Rent – Seeking Society", *American Economic Review*, Vol. 64, No. 3, pp. 291 – 303.

[②] Gordon Tullock, 1967, "The Welfare Costs of Tariffs, Monopolies and Theft", *Western Economic Journal*, Vol. 5, pp. 224 – 232; Robert D. Tollison, 1982, "Rent Seeking: A Survey", *Kyklos*, Vol. 35, No. 4, pp. 575 – 602.

[③] James M. Buchanan, 1980, "Rent Seeking and Profit Seeking", in *Buchanan et al. eds.*, *Toward a Theory of the Rent – Seeking Society*, College Station: Texas A & M University Press; Bruce L. Benson, 1984, "Rent Seeking from a Property Rights Perspective", *Southern Economic Journal*, Vol. 51, No. 2, pp. 388 – 400.

[④] 柯武刚、史漫飞：《制度经济学：社会秩序与公共政策》，韩朝华译，商务印书馆 2000 年版，第 396—397 页。

府与利益集团之关系的看法如出一辙。这一理论将政府
看作利益集团的俘虏，认为多数管制政策是政府为满足
利益集团的要求而制定的。政治代理人（政府）常常为
迎合被代理人（产业集团）的要求，建立管制市场并限
制市场准入机会，以此帮助被代理人排挤其竞争对手。
在斯蒂格勒看来，没有什么政治领袖会与"对所有人不
偏不倚"的战略联姻。在实践中，他们始终奉行着对不
同产业或利益集团的歧视性政策。少量规模大、组织完
备的产业集团在形成公共政策中起到主导作用，在很大
程度上控制着美国政治决策过程。①

　　经济学家对美国贸易政策形成过程所做的政治经济
学分析很有说服力，并极大地提升了对利益集团和党派
政治的理论研究水准。早在 20 世纪 50 年代，戈登·塔
洛克就明确提出了关税是利益集团游说之结果的观点。②

---

　　① 乔治·斯蒂格勒：《产业组织与政府管制》，潘振民译，上海三联书
店 1996 年版。

　　② 塔洛克是在研究了关税造成的福利损失后提出这一观点的。他认
为，政府一般不会自动地征收保护性关税，它必定是在一些集团（如国内
的生产者）的游说或施加压力下才这样做，而这些政治活动是要耗费资源
的；另一些集团为了抵制关税导致的价格提高以及由此引起的财富转移，
也会投入资源阻止政府做出征收关税的决策。Gordon Tullock, 1967, "The
Welfare Costs of Tariffs, Monopolies, and Theft", *Western Economic Journal*,
pp. 224 – 232。

根据鲍德温的总结，分析贸易政策的政治经济学和贸易
保护形成的政治过程——"内生贸易理论"——的文献，
可以分为两大类：一是建立在经济学自利方法之上，即
选民、利益集团和政策制定者都追求自身福利最大化；
二是强调选民和官员对社会福利的关心。[①] 相应地，经济
学家提出了两大类贸易保护模型。第一类主要包括当权
政府模型和政党竞争模型，其中，当权政府模型又包括
需求方模型、供给方模型、市场竞争模型。[②] 在政治需求
模型中，游说集团恳求政府以获得对自己有利的贸易政
策。[③] 在政治供给模型中，政府利用手中的政策制定权去
迎合不同利益集团以求获得最大的支持。这样一来，关
税税率的选择可以看作一个最优化问题的解，政府在制

---

① Robert E. Baldwin, 1989, "The Political Economy of Trade Policy", *Journal of Economic Perspective*, Vol. 3, No. 4, pp. 119 - 135.

② 赫尔普曼也曾经对贸易政策的政治经济学模型进行综述，他分别给出了不完全相同的名称：直接民主模型、政治支持函数、关税形成函数、选举竞争和影响驱动捐献。参见 Elhanan Helpman, 1997, "Politics and Trade Policy", in D. M. Kreps and K. F. Wallis (ed.), *Advances in Economics and Econometrics: Theory and Applications*, Vol. 1, Cambridge University Press。

③ Ronald Findlay, and Stanislaw Wellisz, 1982, "Endogenous Tariffs, the Political Economy of Trade Restrictions, and Welfare", in Jagdish N. Bahgwati (ed.), *Import Competition and Response*, Chicago: University of Chicago Press. 他们在分析中将不同的利益集团划分为农业利益集团和制造业利益集团。

定政策的时候要权衡从工业利益集团中获得的政治支持和由于消费者的不满而失去的选票。[①] 在政党竞争模型中，两个政党为上台执政而提出特定的贸易保护政策以寻求最大的政治支持。[②] 随后，格罗斯曼与赫尔普曼又提出了"保护待售模型"（protection for sale）。[③] 在政府和

[①] Arye Hillman, 1982, "Declining Industries and Political – Support Protectionist Motives", *American Economic Review*, pp. 1180 – 1187.

[②] 他们假定存在两个为了赢得选举的政党，并各自在选举前对关税政策持有不同态度：一个支持高关税，另一个支持自由贸易。支持高关税的政党为了最大化当选的可能性，会把保护水平提高到它能够从支持贸易保护的利益集团获得的选民和资源增加恰好等于失去的选民和资源。同时，支持自由贸易的政党会选择相反的主张，以使支持贸易保护的政党当选的可能性最小化。这样，它就会采取较低的关税，直到自由贸易者提供的选票和资源数量的边际增加恰好等于失去的选票和资源量。如果支持自由贸易的政党得到的捐献和选民支持较少，它也可能采取与另一个政党相同的政策。因此，每个政党做出自己的决策时，都会考虑对方政党的反应，其均衡结果就是古诺—纳什均衡解。见 W. A. Brock and S. P. Magee, 1978, "The Economics of Special Interest Politics: The Case of the Tariff", *American Economic Review* 68, Papers and Proceedings, pp. 246 – 250。后来他们又发展了这个模型。见 W. A. Brock, S. P. Magee and L. Young, 1989, *Black Hole Tariffs and Endogenous Policy Theory: Political Economy in General Equilibrium*, Cambridge (UK): Cambridge University Press。

[③] 参见 Gene M. Grossman, and Elhanan Helpman, 1992, "Protection For Sale", *NBER Working Paper*, No. 4149, http://www.nber.org/papers/w4149。或参见 Gene M. Grossman, and Elhanan Helpman, 1994, "Protection For Sale", *American Economic Review*, June, Vol. 84, No. 5, pp. 833 – 850.

利益集团都按照自身利益最大化原则行事的假定下，该具有集大成性质的模型从贸易政策的需求方（利益集团）和供给方（政府）分析了贸易政策的形成过程，并且成为当今内生贸易理论的基础模型。第二类模型主要是一部分政治学家、社会学家提出来的，他们对经济学家的"自利"假定不满，提出了略有差别的模型。考虑到这些模型同样采用了经济学的分析方法，即从行为主体追求利益最大化出发，故从广义上讲，它们也可以看作内生贸易模型。[①] 总而言之，美国对外经济政策的政治逻辑，恰如戴斯勒所概括的那样：纵观大部分美国历史，那些特殊的商业利益集团的确起到了主导作用，贸易政策过于倾向这些商业利益集团的利益。[②]

当然，对美国政策施加影响的不仅仅是商业集团，还包括那些非商业集团。其中，以种族划分的利益集团

[①] 斯蒂芬·马吉曾解释了"内生政策"的含义。他指出，"内生"的含义是"从内部成长"，"内生政策就是源于行为者追求狭隘自利的政策"。见 Brock，Magee and Young，1989，p. xiv。

[②] I. 戴斯勒：《美国贸易政治》，王恩冕、于少蔚译，中国市场出版社 2006 年版，第 4—5 页。相关内容亦可参见 Anne O. Krueger（ed.），1996，*The Political Economy of Trade Protection*，Chicago：The University of Chicago Press。关于美国跨国公司对政府政策的巨大影响，亦可参见陈宝森《美国跨国公司的全球竞争》，社会科学文献出版社 1999 年版，第一章《美国跨国公司在国内的经济政治地位》。

占据着一个十分独特的位置。米尔斯海默和沃尔特就曾撰写长文，讲述了一个由美国犹太人组成的强大利益集团如何凭借经济实力威胁利诱美国政府和控制舆论以制定偏袒以色列之对外政策的故事。① 现今活跃于国会、具有较大影响力且获得较多资助的种族院外集团除犹太人集团外，还有古巴人、希腊人和亚美尼亚人集团。当美国制定与之相关的对外政策时，这些种族集团发挥着越来越明显的作用。② 被视为与政府、国会、最高法院配合行动的"政府第四部门"——新闻媒介，在美国也是一个特殊的利益集团。美国新闻业本身是一个极其繁荣兴旺的工业部门，具有宏大的规模，并与美国政治、商业和社会之间存在千丝万缕的关系。③ 它操纵着"世界上最

---

① John J. Mearsheimer and Stephen M. Walt, 2006, "The Israel Lobby and U. S. Foreign Policy", *KSG Working Paper*, No. RWP06 – 011.

② 布热津斯基：《大抉择：美国站在十字路口》，第 214—215 页。

③ 纽约麦迪逊大街一片二十个街区长、四个街区宽的地区内，鳞次栉比地排列着一批新闻传播中心总部，其中包括若干全球性的广播网：哥伦比亚广播公司（CBS），全国广播公司（NBC），美国广播公司（ABC）总部，以及美联社（AP）和合众国际社（UPI）这两家主要通讯社。而这些通讯社又向全国上千家报纸和几百家广播电台及电视台传播新闻和评论。美国报刊业的收入几乎相当于美国工业总收入的 1.5%，其从业人员已近 40 万。在美国，每天有 80% 以上的人看报，90% 以上的人看电视和听广播。戴维·哈伯斯塔姆：《媒介与权势：谁掌管美国？》，尹向泽等译，国际文化出版公司 2006 年版。

大的传声筒及洗脑系统"，昼夜不停地影响着其传播对象，潜移默化地引导着美国的政策和行为。而在国家政治、军事和经济领域最具有权势者，正是那些以最有效的方式掌握最大量信息的人物或机构。[①] 新闻传播在影响人们观念的过程中产生了权力，并构成政治权力的一部分。[②] 从某种意义上讲，新闻媒介已成为影响美国政治行为的一个重要的权势集团，它既与各种经济资源和政治权力紧密关联，又拥有自身独立利益。另外，在某些人看来，美国存在着一个游离于政府和企业界两大势力之外、超乎集团与党派狭隘利益之上、以谋求公正无私和提高公共道德为目标的第三力量，即由大学、基金会、传媒精英及研究机构等组成的所谓"权势集团"。这些权势集团能够在追逐权力的政府和追逐利润的企业界之间起到平衡作用。[③] 无疑，这些都是事实。但我们在此想表明的是，在美国的各种利益集团中，非商业集团通常处于次要位

① 维·佩特鲁森科：《垄断报刊》，高志华等译，新华出版社1981年版，第45、61页；彼·阿尔贝、弗·泰鲁：《世界新闻简史》，许崇山等译，中国新闻出版社1985年版，第14页。

② 埃德温·埃默里、麦克尔·埃默里：《美国新闻史——报业与政治、经济和社会潮流的关系》，苏金琥等译，新华出版社1982年版。

③ 伦纳德·西尔克、马克·西尔克：《美国的权势集团》，金君晖等译，商务印书馆1994年版。

置或居于从属地位，无论它们多么有影响力，其影响力的主要源泉恐怕还是它们与商业集团之间千丝万缕的联系，其存在和活力往往是以为商业集团的赢利提供服务为前提的。

◇（三）以保护商业利益为根本的制度框架

在利益集团和党派政治影响下，尽管受到基督教传统的熏陶，但美国的国家行为不可避免地要遵循商业原则行事。无论是统治精英还是各商业集团，其利益在具体层面上虽千差万别，但在大方向上却别无二致。他们在下述大是大非的问题上达成了高度的共识：建立一种以保护财产利益为目的，强调"有序自由"的宪政体制和政治、法律、经济制度。①

想要理解美国，似乎很难绕开那部带有传奇色彩的美国宪法。1787 年出台的联邦宪法一直被美国人沿用至今，由此建立的美国宪政结构在随后二百多年的时间里

---

① 柯克指出，美国的政体是一种强调有序自由的政治制度，它使公平、秩序和自由各得其所、各适其责。Russell Kirk, 1957, *The American Cause*, Chicago：Henry Regnery.

变化甚微。联邦宪法是一部令美国人引以为荣的、代表着"自由、平等和民主精神"的政治经典文献。事实上，这部美国人心目中至高无上的"世俗圣经"一直充当着精英阶层私有财产的"守御神"。

在订立之初，宪法更多体现的是那些为财产权利寻求保护的商业精英阶层的利益，其制度的歧视性或非中性比较明显，即它保障和拓展了动产持有者的利益，同时忽略了对不动产持有者的利益直接补偿。① 虽说具有非中性，但总体而言，无论是对动产持有者还是不动产持有者来说，宪法则有帕累托改进的性质。代表不同利益的议员们之所以能达成妥协，也正是由于他们的利益大体是一致的，由于他们对于主要问题的意见都相当接近。对此比尔德的评论具有经典意义：在各州批准宪法的会议上拥护宪法的领袖们，他们所代表的经济利益与费城制宪会议成员所代表的经济利益几乎完全相同；这些宪法的制定者和批准者们利用宪法为个人或所代表的利益集团牟取经济收入的同时，也把新政府建立在稳固的经

---

① 参见比尔德《美国宪法的经济观》。另可参见张宇燕《美国宪法的经济学含义》，《社会科学战线》1996 年第 4 期。

济利益的基础之上。① 他们争执不休和相互扯皮的，多是些涉及新政府机构的细枝末节问题。在麦迪逊留下的制宪会议的辩论笔记中，我们不难领略到这一点。②

制宪会议代表着那个时代少数最富有的美国人的利益。在宪法的制定过程中，没有一个会议成员的切身经

---

① 比尔德：《美国宪法的经济观》，第 173—204 页。麦克唐纳将经济利益与参与费城制宪会议和各州批准宪法会议的代表的投票行为定量化后否定了比尔德的观点，但麦圭尔和奥斯菲尔特将麦克唐纳使用的数据进行重新评估后，再次支持了比尔德的结论，即代表们在投票时依据的是经济上的自利原则。在其他条件相同的情形下，在工商、金融、国债和西部投资领域具有利益的代表对宪法投赞成票的可能性远远大于那些拥有土地和债务的代表。布坎南和塔洛克也为比尔德的观点提供依据。他们认为，策略投票的存在可以解释代表们间或做出的与其经济利益不相符的投票行为。当投票结果不易发生逆转时，或者当一方希望用弱偏好领域内自己的投票来换取强偏好领域内对方的投票时，代表们往往会投出违心的策略之票，以求在其他问题上赢得同盟。大致来说，比尔德对宪法制定和通过所做出的经济解释是站得住脚的。参见 Forrest McDonald, 1958, *We the People：The Economic Origins of the Constitution*, Chicago：University of Chicago Press, p. 110；Robert A. McGuire, and Robert L. Ohsfeldt, 1984, "Economic Interests and the American Constitution：A Quantitive Rehabilitation of Charles A. Beard", *Journal of Economic History*, Vol. 44, No. 1, pp. 509 – 520；詹姆斯·布坎南、戈登·塔洛克：《同意的计算：立宪民主的逻辑基础》，陈光金译，中国社会科学出版社 2000 年版。

② 詹姆斯·麦迪逊：《辩论：美国制宪会议记录》（上下册），尹宣译，辽宁教育出版社 2003 年版。

济利益可以代表小农或技工阶级。[①] 在制宪会议的元勋中，以汉密尔顿为首的联邦党人明显倾向于富人产权和贵族政治，坚决反对财产和政治权利的平均趋势。汉密尔顿的主要追随者是东北部的富商集团，他们被杰斐逊贬斥为"一伙人数不多，但财大气粗的党徒"[②]。但是，这位与汉密尔顿在政见上势不两立的民主共和党领袖也同样认为，政治权利必须取决于财产的多寡。在绝大多数州中，只有那些拥有大量土地和动产的人们才享有选举权和担任公职的机会。[③] 那些"头戴假发、彼此默契的绅士们在秘密会议中操纵美国的一切事务"[④]。在联邦宪法之下成立的中央政府为有产者的各利益集团所垄断，成为制定并执行对其有利的歧视性产权制度的权力和服务机构。

---

① 在批准宪法时，相当多的成年白人男子未能参加表决；他们中的一些人或许因漠不关心而放弃了权利，但更多人是因为财产限制而被剥夺了公民权。最终，只有不到 1/6 的成年白人男子批准了宪法。比尔德：《美国宪法的经济观》，第 163—172 页。

② 菲利普·方纳编：《华盛顿文选》，王绶昌译，商务印书馆 1960 年版，第 26 页。

③ H. U. 福克讷：《美国经济史》，王锟译，商务印书馆 1964 年版，第 171 页。

④ 西斯尔思韦特：《1794—1828 年的美国与旧世界》，C. W. 克劳利编《新编剑桥世界近代史》第 9 卷《动乱年代的战争与和平 1793—1830》，中国社会科学院世界历史研究所组译，中国社会科学出版社 1999 年版，第 805—806 页。

　　在当时，联邦宪法首先是一份以抬高私有产权为目的的文件，尤其是投资在动产方面的权利，将会得到宪法的严密保护。财产权作为自由的保障，在宪法中应享有特殊而牢固的地位，这是制宪会议成员的共识。[①] 诚如汉密尔顿所言，宪法的神圣职责就是"对自由与财产的进一步保证"[②]。制宪者们对"私有财产神圣不可侵犯"的原则进行了两个维度的诠释：一方面，私人财产先于政府存在，因此不能被政府任意掠夺和侵犯；在宪法赋予国会和联邦政府的权力中，没有一项是允许直接侵犯或限制财产权利的。另一方面，宪法授权下的中央政府随时准备"纠正由于民主而引起的困扰这个国家的罪恶"[③]，并设法保护少数阶层的既得财产免受多数大众的干涉和危害。[④] 虽然一些欧洲国家的宪法性文献也表达了

---

　　① 比尔德：《美国宪法的经济观》，第 107—130 页。

　　② 亚历山大·汉密尔顿：《联邦党人文集》第一篇，程适如等译，商务印书馆 1980 年版，第 6 页。

　　③ 伊曼纽尔·沃勒斯坦：《现代世界体系》第 3 卷：《资本主义世界经济大扩张的第二个时代 18 世纪 30 年代—19 世纪 40 年代》，庞卓恒等译，高等教育出版社 2000 年版，第 314 页。

　　④ 关于宪法对财产权的保护，可参见伯纳德·施瓦茨《美国法律史》，王军等译，中国政法大学出版社 1989 年版，第 113 页；杰里米·阿塔克、彼得·帕塞尔《新美国经济史：从殖民时期到 1940 年》，罗涛等译，中国社会科学出版社 2000 年版，第 84 页；福克讷《美国经济史》，第 196—197 页；比尔德《美国宪法的经济观》，第 122—123 页。

私有财产之神圣不可侵犯系由自然法则决定的理念，但唯有在美国，这一假说真正成为宪法的理论依据和大法官的判案准则，并在美国历史上的许多著名案例判决中得到贯彻。①

　　除了确立财产权利至高无上的地位之外，宪法还将制定产权规则和实施产权保护的权力集中授权给国会和联邦政府。在对权力进行根本性重组后，中央的力量得到显著加强，各州的势力则予以大幅度的削弱。从邦联自治到联邦政府的转变，对工商业、海外贸易和货币领域的影响最大。几乎所有重要的财政、金融和商务方面的权力都从各州转移到国会和联邦政府手中。宪法明确授予联邦（同时限制了各州）的重要权力有：征税、战争、招募并维持常备军队、管理国内外贸易、铸造货币、保护工业、募集公债、开拓西部土地和颁发专利权等。对企业具有重大意义的条款是，禁止各州通过破坏契约义务的任何法律。②

　　在以上权力的保证下，工商业、贸易和信贷活动规则的确定性得到了加强：公债可以获得充分的清偿，国

---

①　康马杰：《美国精神》，第338—339页。
②　合众国《联邦宪法》的具体内容参见赵一凡编《美国的历史文献》，第34—47页。

家信誉得以建立，国内的安定可以得到维护，同外国的
贸易往来可获得安全保障，统一的货币可以降低商业成
本，工商业可以得到扶植，企业的创新活动可得以保护，
西部的投资事业可以获得保障。① 各自为政的邦联被宪法
维系成为统一的国家后，市场规模的扩大将产生规模经
济。集中的中央财政可以提供更为充足的公共产品，如
统一的关税、资本市场、更强大的军事防御和扩张能力，
以及跨州的公共运输工程等。而在公共产品的消费过程
中，商人阶层将享受最多的收益份额。可以说，商业精
英阶层的利益和目标几乎都融入新宪法中了；不但如此，
他们还掌握着对整部宪法的解释权。宪法为美国建立了
自己的重商主义体制，从而为与那些在当时同样奉行重商
主义的欧洲国家展开更为有效的竞争铺平了道路。② 历经
二百余年，美国宪法致力于保障商业和财产利益的性质并
没有多少变化。宪法框架下的美国法律体系和司法实践同
样遵循着财产和商业利益至上的原则。那些由总统精心挑

---

① 吉尔伯特·菲特、吉姆·里斯：《美国经济史》，司徒淳、方秉铸
译，辽宁人民出版社 1981 年版，第 157—159 页；福克讷：《美国经济史》，
第 198—199 页。

② 阿塔克、帕塞尔：《新美国经济史：从殖民时期到 1940 年》，第 82
页。

选、参议院批准的、为统治精英阶层效力的最高法院的法官们，先前大多是来自上流社会的富有律师。他们无论在思想意识上还是在实践操作中，几乎都不可能在贫富阶层之间保持真正的中立。1893 年，美国最高法院法官戴维·布鲁沃在写给纽约法院协会的信中曾公开承认这一点。他写道："社会财富由少数人掌握，这是恒久的法律。"①

美国的政治传统同样具有鲜明的商业色彩和阶级歧视性。霍夫施塔特指出，人们通常以为，美国政治中包含有一系列特殊商业利益之间的冲突，例如土地资本与金融或工业资本之间的冲突、新老企业之间的冲突、大小资本之间的冲突，而有产阶级与无产阶级的斗争则未显出多少迹象，实际上这种幻象掩盖了美国政治的本质。他进而揭示，美国政治上层的视界"通常仅局限于财产和企业的天地之中"；无论在具体问题上其成员的分歧有多大，但从大的政治传统来看，私有财产的神圣不可侵犯性、个人处置私有财产和用其投资的权利、机会的价值、个人利益和自主、在宽松的法律限度内向有限的社会秩序的自然演化等，都是他们政治思想意识中的核心信仰或主要原则。在美国，从事政治的任务就是要维护

---

① 转引自津恩《美国人民的历史》，第 221 页。

这些传统，并不时对其加以扶持，对偶尔出现的弊端随时予以制止。政治传统的统一体超越了各种暂时的和局部的利益冲突，在霍夫施塔特看来，这正是理解和分析美国历史和行为的主要线索之一。① 换言之，在美国，具体的政治目标可能为适应不同时代和不同利益而发生变化，但就其政治的核心理念而言，即保护商业利益并把利益集团竞争限制在可接受的范围内，则万变不离其宗。正如津恩所评论的那样，美国政府的行为是伪装中立以维持国家秩序，它实际上只为富有阶层的利益服务；美国政府的目标是平息和调解上层社会的争执、抑制社会底层的反叛，以此保持现行政治制度的长期稳定。②

高度统一的政治传统之特点有效地体现在美国的政党政治中。从属不同政党的政界决策人物对各种具体议题会各持己见，有时甚至尖锐对立，但他们在总的思想框架下又保持了相当的一致性，因而在竞选结束后他们仍然可以彼此合作。建国之初，以杰斐逊为代表的民主共和党和以汉密尔顿为首的联邦党相互攻击、势不两立。然而，杰斐逊执掌国家后实际推行的政策，与当年汉密

---

① 理查德·霍夫施塔特：《美国政治传统及其缔造者》，崔永禄、王忠和译，商务印书馆 1994 年版，第 3—6 页。

② 津恩：《美国人民的历史》，第 218 页。

尔顿力主保护工商业和其利益集团的主张仅有微不足道
的差别。霍夫施塔特看到，若用实践来检验美国两党各
自的政治思想，则这些思想反映的"一致之处极多"，其
体现在政策中的差异和分歧甚小，以至"根本找不出什
么重大的争论问题"。① 美国两党所达成的主要默契在于，
无论哪一党获胜，国家政策在倾向商业利益的原则和任何
与之相关的重要内容方面都不会发生根本性的变动。1844
年，民主党总统克利夫兰亲自向资本家保证："我在位期
间，政府实施的所有政策都不会对任何工商业利益造成损
害。……行政管理权力从一个政党转移至另一个政党手
中，并不意味着目前这种状况会受到任何严重干扰。"② 今
天美国的两党政治完美地秉承了这一政治传统，其两大政
党是"无明显阶级区别"的政党，它们的政治信仰在本质
上都是致力于维护美国既有制度和有产阶级的既得利益。
两党的上层精英人士在主要观念上几乎没有区别，并且职
位越高，其区别越小，代表的是同一阶级不同利益集团的
利益。只是在策略上，共和党更加立场明确地强调自己代
表大企业家、金融家及投资者的利益，而民主党则喜欢把

---

① 霍夫施塔特：《美国政治传统及其缔造者》，第 5 页。
② 转引自津恩《美国人民的历史》，第 219 页。

自己装扮成普通人、弱势集团和少数族群的代言人。①

表面上看，美国是一个"小政府"社会，其经济活动完全遵循自由市场的原则运转。然而事实却和人们通常的理解大相径庭。无论在其迅速崛起的历史中，还是在经济高度繁荣的今天，美国的政府一直通过它的权力和非中性手段，为精英阶级或各大利益集团做出重大贡献。扎卡利亚指出，19世纪80年代和90年代，美国现代政府体制的形成导致联邦政府权力的进一步加强。实现经济增长目标之迫切与国会寻求最高权力企图的崩溃，赋予了联邦政府更为集权、更少政治性且更具有理性的结构。时至19世纪90年代中期，美国政府已然可以绕开或迫使国会同意美国对外利益的扩张。② 20世纪30年代大萧条以来，美国政府通过各种管制规章和政策，以及各种直接干预的方式，对社会经济有着更为巨大而深

---

① 张立平：《美国政党与选举政治》，第53—54页。
② 法利德·扎卡利亚：《从财富到权力》，门洪华、孙英春译，新华出版社2001年版，第13页。

远的影响。①

美国强大的自由经济制度与其同样强大的政府管制之间看似存在着逻辑上的矛盾，其实并不然。管制与自由市场之间并非总是紧张的对立关系，有时情况刚好相反。在美国，强有力的政府管制正为其自由有序的市场经济提供一种规范、保障和促进作用。② 奥尔森说明了国家权力与私人权利，或政府与市场之间的相互关系决定经济的繁荣程度，论证了国家兴衰盛败取决于政府对权

---

① 联邦和地方政府的财政支出占美国 GDP 的 1/3 以上，联邦政府大约拥有全国 1/3 土地的所有权。在过去的 40 多年里，联邦政府的投资额平均占到美国社会总投资额的约 1/5；联邦政府所有和经营的"国有企业"所创造的产值平均占美国同期 GDP 的 13% 左右。美国的经济制度是政府管制下的市场经济制度，其管制条目之多、范围之广，超出人们想象。美国 58 个负有监管职能的行政机构，在 1976—2001 年间，生效的联邦管制规则总数多达 13.8 万个，如印刷成册大约有 100 多万页。2000 年时，对美国小企业的经营具有约束力的管制规章竟达 1000 条之多。参见张宇燕、席涛《监管型市场与政府管制：美国政府管制制度演变分析》，《世界经济》2003 年第 5 期，第 25 页；伯恩斯等《民治政府》。

② 张宇燕、席涛：《监管型市场与政府管制：美国政府管制制度演变分析》，《世界经济》2003 年第 5 期。

力运用的效率。① 他还提出了所谓"扩大与强化市场型政
府"② 的概念，强调了没有政府就没有产权、没有产权就
没有市场、没有市场就没有分工与交换这一支配现代经
济增长的经济学逻辑。拒斥古典经济自由主义的不只是
奥尔森。其前辈弗兰克·奈特对"经济自由"亦做出了
类似的评论："古典思想家们似乎忘记了，经济自由是使
用经济权力的自由，其内涵涉及从奴隶制到依仗对经济
权力加以分配而奴役他人的诸多方面。……他们没有注
意到，用权力获得更多权力的自由，涉及不平等的一种
积累趋势。"③

　　关于"大政府"或者奥尔森所言的"强化市场型政
府"与美国资本及资本界的关系实质，哈特和奈格里曾

---

　　① 曼瑟尔·奥尔森：《权力与繁荣》，苏长和、嵇飞译，上海世纪出版
集团 2005 年版。

　　② 奥尔森认为，一个政府如果有足够的权力去创造和保护个人的财产
权利，并且能够强制执行各种契约，与此同时，它还受到约束而无法剥夺
或侵犯私人权利，那么这个政府便是一个"强化市场型政府"。这部分内容
由于作者的意外去世，未及写入书稿。关于"强化市场型政府"的更多讨
论，可参见张宇燕的《强化市场型政府乃经济发展之根本》一文，以及查
尔斯·卡德韦尔为《权力与繁荣》一书所写的序言。奥尔森：《权力与繁
荣》。

　　③ 弗兰克·奈特：《风险、不确定性与利润》，安佳译，商务印书馆
2006 年版，第 10 页。

写下一段言辞刻薄却又不乏深意的评论，我们借用它来结束这一章："当资本全球化的拥护者们叫喊着反对大政府时，他们不仅虚伪而且忘恩负义。倘若资本没有控制过大政府并使之为其专门的利益效力数世纪，它会怎样呢？而今倘若大政府没有大到足以发挥左右整个全球民众生杀大权的话，那么帝国的资本又会如何呢？倘若没有一个大政府能够印制钱币来生产与再生产一个保证资本主义权力和财富的全球秩序，资本又会怎样？抑或没有了争取生产性民众的合作的通讯网络呢？每天早晨，当全世界的资本家及其代表醒过来之后，他们不应去读《华尔街时报》上反对大政府的骂词，而应该跪下来称颂它！"①

① 迈克尔·哈特、安东尼奥·奈格里：《帝国——全球化的政治秩序》，杨建国、范一亭译，江苏人民出版社2005年版，第398页。

结　语

美国"三位一体"行为模式
与对外"二元"目标

　　通过观察与分析，我们提炼出了一个理解美国行为的高度简化的"三位一体"模型：宗教热情—商业理念—集团政治。我们关注的美国人主要是那些上层精英，他们信仰基督教并不时流露出宗教热情，在大是大非问题上达成广泛共识，注重财富且习惯于商人思维，参与集团活动并力求从非中性政策中获益。如果把国家行为狭义地界定为对外政策，那么借助于对"宗教热情—商业理念—集团政治"的综合考察，我们就可以更加深刻地把握美国对外政策——尤其是国际制度或规则的确立——的源泉，特别是可以更加准确地预测美国行为的方向、速度与强度。

　　"宗教热情—商业理念—集团政治"三位一体的国内

根源决定美国对外行为的目标是维护扩展价值体系和扩大利益集团的现实利益。在美国的外交实践中，两种不同性质的目标在不同时期、不同场合，侧重点会有所不同。决策者们会根据美国客观的物质实力和制度影响力，在保守的中立和积极的扩张之间做出最大化选择。一方面，价值诉求可以成为美国牟取现实利益的工具。特别在涉及国家及占统治地位的商业精英集团之根本利益时，美国可以随时动用它的价值武器，让道德理想主义旗帜服务于高度现实利益的目标。在以现实利益为主导目标时，美国的价值诉求将自觉地为利益目标的达成提供内在的道德合法性。不仅如此，价值判断及目标本身也会有意无意间受现实利益的影响。另一方面，现实利益也可以作为实现其价值诉求的激励机制。当寻求价值上升为国家利益的主要目标时，在追求理想的过程中，美国人仍会最大程度地用实际效果去衡量行为之得失。以现实力量为基础，在国际社会中维护国家的价值诉求和现实利益，构成了美国对外行为的基本逻辑。

美国是一个具有高度宗教普世热情，并惯于以商人思维处理对外关系的国度。它通过价值诉求和现实利益二元标准区分"朋友"和"敌人"。同时威胁到其自由、民主等价值理念和其商业集团利益的对手必定被美国视为"恶魔"。当价值诉求与现实利益吻合时，美国对外政策明确、连贯、坚决，且具有很强的预见性。作为连接宗教热情与商业理念之轴承的国内各具有影响力的利益集团，通常能够就对外行为的大方向达成基本共识，以确保美国对外决策有效运转。当价值与利益二元目标发生冲突时，美国对外行为通常表现得犹豫不决、反复无常，且容易妥协。面对价值与现实利益之间的相互排斥，以及各种具体利益之间的冲突，其国内集团政治开始出现明显分化，并严重干扰国家对外决策的一致性。在分裂的二元目标引导下，利益集团对决策的掣肘，决定美国处理对外事务中"纸老虎"的一面。"纸老虎"形式风格背后体现的是一种务实的商人心态：包括价值在内的所有诉求都将纳入成本—收益计算，一切问题都可以谈判、让步，重要的仅仅是价格。

面对冲突的对外二元目标，美国的偏好排序与其自我认知的国家实力高度相关。在其相对实力所处的不同阶段，以及在对国力发展趋势的不同预期面前，美国对价值诉求与现实利益目标之间的优先选择顺序也会发生变化。在其国家实力上升阶段，特别是在实力绝对占优的情况下，二者之间即便出现矛盾，这种矛盾通常也易于协调。一方面，强大的国家实力可以有效支撑追求价值目标所需要的投入，弥补两大目标之间的裂痕。另一方面，对国力蒸蒸日上的预期使美国人对维护价值目标所支付的成本具有更强的心理承受能力；他们认为牺牲部分现实利益以换取价值诉求，从长期看是值得的。美国在全球推行其价值观所负担的成本往往被更为可观的现实收益所掩盖，其国内在对外战略和政策选择上往往能达成较高的价值共识。自建国以来至21世纪初，美国国力总体上一直呈现上升趋势。美国人自信，历史经验为其在社会达尔文主义竞争法则中取得胜利的信仰之有效性提供了充分的佐证。国内集团在功利与精神，或者说价值和利益之间寻求平衡点时，带有更多理想主义的共识。

"宗教热情—商业理念—集团政治"三位一体下的"价值诉求—现实利益"二元目标决定了美国的国家利益，而国家实力是美国实现和平衡二元目标的必要条件。它不仅是帝国推行全球统治的保障，同时也决定了由二元目标所界定的美国国家利益之边界。作为当今世界唯一的超级大国，美国在经济、军事、技术、货币金融等关键领域拥有强大的物质实力，来支撑其对外行为。这些物质实力最终体现在美国构建的规则和秩序之中，从而形成一股更为强大而持久的力量。

第二次世界大战后，美国运用实力维系霸权的获益方式与以往的霸权国家有本质区别。以往帝国维系霸权的方式通常是分别直接针对各对象国采取单边控制，世界霸权以霸主与诸多国家之间的双边关系集合方式体现。美国则独特地开创了一套建立在威尔逊理想主义传统和现代商业理念基础上的多边规则体系，通过多边渠道建立相互交织的规则网络，对体系内国家进行间接控制和价值观的同质化。其基本思路是：鼓励尽量多的国家融入美国主导的规则网络平台，使国际关系和交易行为对其产生依赖性，进而通过主导国家间交往和交易的途径，从中获取霸权的经济收益和政治合法性。通过以上机制管控世界的思路，其重点不是试图直接控制这个或那个具体的国家，而是通过规则网络垄断国与国之间在贸易、金融、科技、军事、文化等重要领域的交换渠道。它更多体现为开放、多边的形式，只有这样才能够吸引更多国家参与其中，增加美国塑造的国际规则网络的权威性和获利空间。

哈特和奈格里对美国建立的开放、多边的规则网络有深刻的解读。在他们看来，如今世界已经演变成一套多边规则体系，世界市场和全球权力关系向集中化靠拢。美国作为这一多边规则体系的政治主导，它有效控制着国际交流渠道。全球的边境逐渐转变为美国主权下的开放空间，在持续开放和扩展的边界中，美国不断加强对各领域的统合，由各种国际组织构成的多边网络、调和与解决冲突的各种渠道、对世界各国动态的协调，都是美国的内部统合机制。哈特和奈格里对新型帝国统治的阶段性概括，大致描述了美国通过规则主导多边国际社会的过程。在"融合阶段"中，主导国努力把所有主体纳入它编织的多边秩序网络中，刻意忽视或者回避它们彼此之间的差异。在一切主体进入控制范围之后，主导国将实施其统治的"区别阶段"，主体之间在文化、意识形态等领域的差异或潜在差异被帝国突出强调，并给予正面或负面的评价和宣传。主导国在其最后的"操纵阶段"中，将充分利用这些差异对体系内主体进行操纵和等级分化，并在有效的控制系统中安排它们各自的位置。①

美国是一个依靠制度力量维系的"帝国"。这体现在国内的社会结构和产权结构中，也体现在对外部世界的价值观影响方面，更体现在它对国际规则的主导能力上。

———————————

① 迈克尔·哈特、安东尼奥·奈格里：《帝国——全球化的政治秩序》，杨建国、范一亭译，江苏人民出版社2005年版，第11、205、210—212、229—232页。

主导并扩张于己有利的全球规则，是美国实现二元目标最重要也最有效的途径。美国的价值诉求和现实利益目标的实现高度、敏感依赖于其对国际规则制定权的主导，以及这些规则适用范围的扩展。美国在建立国际规则和以此维持国际秩序的过程中，与体系之间形成了"共容利益"①。作为主导国，美国通过维系庞大的国际规则网络的运转，可以获得最大份额的收益。"共容利益"推动美国对于发生在其境外的国家乃至个人之间的交易行为施加制度影响，在国家相互往来的各个角落投射美国的价值观和规矩，为远超出其直接军事势力范围的多边交易活动提供制度性的基础结构。②

美国是战后开放和多边的国际规则体系最大的获益者。第二次世界大战后出现的绝大部分多边国际组织和规则，是根据美国的利益和意图而建立，具有鲜明的制

---

① 某位理性地追求自身利益的个人，或某个拥有相当凝聚力和纪律的组织，若能够获得特定社会所有产出增长额中相当大的部分、同时会因该社会产出的减少而遭受极大的损失，则他（们）在此社会中便拥有了共容利益。为了实现其自身利益，他（们）在力求获得社会产出更大份额的同时，还会努力扩大该社会的总产出。详见曼瑟尔·奥尔森《权力与繁荣》，苏长和、嵇飞译，上海世纪出版集团 2005 年版。

② 柯武刚、史漫飞：《制度经济学：社会秩序与公共政策》，韩朝华译，商务印书馆 2000 年版，第 446、448—449 页。

度非中性特点。美国通过对联合国、世界银行、世界贸易组织（WTO）、国际货币基金组织（IMF）等多边组织和规则的主导，维系和扩张着以其为核心的世界霸权。现有的国际机制或制度主要体现了美国的商业和文化观念，反映着美国式的政体结构和组织原则，特别是其精英阶层和利益集团的利益。美国按照这些政治结构和价值观念，为其他国家制定行为规范，并诱导或敦促其遵循美国的意志，按照美国制定的游戏规则出牌。① 这些多边国际机制和规则是美国在全球扩张自身制度和价值观的有效手段②，与此同时，自身制度和价值观念在全球的推广也提高了美国建立的多边机制及规则网络的实施效率，降低了霸主国从外部世界获取利益的管控成本。

第二次世界大战结束后，美国通过援助和市场，对欧洲和日本进行了全面改造，将这些盟国纳入自己的制度体系中，按美国设计的市场道路、标准和规则发展，进行美国要求的制度改革，以依赖于美国的价值观伙伴身份配合其全球战略。与此同时，在有意切断了与苏联在经贸上的相互往来之后，美国对这位战略竞争对手采

---

① 约瑟夫·奈：《硬权力与软权力》，门洪华译，北京大学出版社2005年版，第108页。

② 门洪华：《国际机制与美国霸权》，《美国研究》2001年第1期。

取了先瓦解、再通过价值观和制度拥抱之的战略。而对
于中国，综合考虑成本和收益后，美国精英阶层更倾向
的方式是直接将中国纳入美国主导的国际规则，进而改
造并规范其国际行为。令中国成为"国际体系中负责任
的利益攸关方"①，一方面使其为美国的全球统治分担部
分成本，另一方面通过非中性制度钳制中国的发展。自
中国进入现代世界体系以来，美国努力将中国引导和塑
造成符合美国的价值观念、遵守美国主导之国际规则的
"融入者"。在中国加入 WTO 之后，这种趋势更加明显。
美国政府通过 WTO 争端解决程序迫使中国履行其义务，
通过中国入世议定书规定监督中国实施协定义务的特殊
机制，努力与国内工人、农民、商人和国会保持紧密联
系以有效监督中国。美国国会还专门成立了国会—行政
联合委员会，对中国入世承诺进行全面监督。另外，美
国还积极促使中国加入某些国际协定和国际组织。

美国将大国纳入自己主导的国际规则体系拥抱之，
这种体系化的最终目的是瓦解这些国家独立行使主权的

---

① Robert B. Zoellick, 2005, "Whither China: From Membership to Re-
sponsibility?" Deputy Secretary state Remarks to National Committee on U. S. –
China Relations, September 21, New York City, http://www.ncuscr.org/arti-
clesandspeeches/Zoellick. htm.

能力。苏联解体后,俄罗斯在最初的十几年热切地希望融入美国主导的西方世界。尽管叶利钦推行的全盘西化政策让俄罗斯度过了不堪回首的十年惨淡光景,但普京前两任期仍未放弃与西方建立亲密关系的努力。在普京与小布什政府的蜜月期中,俄罗斯强力支持美国的反恐战略,将大量外交资源放在加强与西方的关系上。在一次北约演讲中,他表达了俄罗斯的想法:"我们从与世界的对抗中没有得到任何好处。俄罗斯正在重返文明国家的大家庭。她最需要的莫过于自己的意见被倾听,自己的国家利益受到尊重。"然而,一个外交和军事具有完全自助能力的俄罗斯始终是美国的现实担忧,尽管俄罗斯的实力已经不足以挑战美国的全球霸权。美国不顾解散华约时对苏俄私下做出的"北约不东扩"承诺,一步步蚕食俄罗斯在后苏联时代的战略空间。东欧、波罗的海三国先后被纳入欧盟和北约。小布什政府宣布单方退出美俄《限制反弹道导弹系统条约》,进而在波兰和捷克建立覆盖俄罗斯全境的反导和雷达监测系统,破坏了两国之间的战略核平衡。与此同时,美国在俄罗斯国内与包括车臣分裂主义在内的几乎所有反政府力量保持密切沟通,甚至合作和对其扶持,并且试图通过政治渗透和"颜色革命"的方式控制俄罗斯周边独联体国家的政权。

2003 年，美国在格鲁吉亚扶持亲西方的萨卡什维利通过"玫瑰革命"上台；2004—2005 年在乌克兰如法炮制助推了"橙色革命"支持尤先科主政。正处于实力恢复期的俄罗斯对美国上述进攻性行为，更多采取了忍耐态度或温和而富有节制的抗议与反制，但这导致了俄美关系的战略信任基础满目疮痍，直至美俄冲突点爆发在乌克兰问题上。

苏联被成功分化后，民主转型中的俄罗斯其社会基本价值观和政治制度与西方并没有本质分歧，但美国精英决策层并没有停止对俄罗斯进行进一步分化的行为，仍然继续试图阻碍俄罗斯的发展。由此可见，美国在处理具有安全自助能力的大国关系时，具有根深蒂固的现实主义和地缘政治思维，无论这种思路体现为以军事为主的硬制衡，还是以国际经济规则为主的软制衡。美国主导的西方世界无法宽容地理解与自己有同等大国诉求的民族国家所持有的不同想法，不能容纳大国立足自身特点的发展模式及管理社会的方式，习惯于用一套放之四海而皆准的标准和非友即敌的思维方式去看待体系内与美国相对平等的大国，以人权、自由等名义干涉对方内政，利用国际话语权的优势对对方社会和政治高层进行各种抹黑和妖魔化。不仅如此，美国体系化中俄这类大国的终极目标是将其西化和分化成依附于美国的不同部分，即通过推动其领土分裂的方式减小、分散其市场规模，同时用西方思想、宗教和价值观念进行改造和重塑，从而杜绝其成为美国主导的国际秩序挑战者的可能性。美国及西方国家在台海、西藏、新疆等中国领土问题上不时做文章，在意识形态渗透方面也从未停止努力。分散中国的领土和市场规模是美国寻求的首要目标，重塑中国的意识形态和价值观念是其次要目标和实现分裂目标的手段。

尽管如今美国统治精英集团仍迷恋于单边霸权，试图分化、瓦解非同质性独立大国，将国际社会改造成认同美国价值观和依附美国国家实力的单极世界，并且拥有强大的物质实力和基于此的制度渗透与文化同化能力，但美国追求国家利益的行为并非没有边界约束。从民族国家的发展进程看，美国可谓一帆风顺、鲜有挫折。形成美国对外交事务态度的关键因素之一在于，美国"没有悲剧的经验"，它在历史进程中"幸免于灾难"，其"国内经验无以伦比地成功"。[①] 建国以来，美国国力总体

---

① Henry Kissinger, 1956, "Reflection on American Diplomacy", *Foreign Affairs*, September/October, pp. 19 – 56.

呈上升趋势，因此物质利益和价值扩张这两个战略目标
易于协调，后者为前者的实现有效提供了道德合法性。
然而，这种情况正在发生历史性的改变。美国的相对实
力和全球控制能力正步入前所未有的下降阶段，无论外
部世界或其国内均感受到美国难以逆转的衰落趋势。随
着相对实力的衰落，美国在国际体制中的主导作用也呈
现逐渐下降趋势。尽管美国人仍相信其价值目标本身具
有毋庸置疑的正确性，但是未来的美国不再具备以"超
级大国"的单边霸权方式在全球四处扩张其价值观诉求
的条件。一个深信其优越的信仰令国家无往不利的商业
民族能否承受未来价值诉求与现实利益之间越来越巨大
的失衡？美国是一个在对外行为中不断寻求合法性基础
的国家。当这种道德合法性地位的谋求，必须付出过度
消耗其国力的投入时，价值和现实利益目标之间的冲突
越来越明显，平衡两者的关系令其不堪重负，美国对外
决策将陷入困境。

　　巩固"世界领导者"的合法地位和在全球进行价值
扩张给美国的财政带来巨大压力。随着以苏联为首的社
会主义国家阵营解体，美国以自由、民主为由的全球性
干预行为在国内和国际社会失去了道德合法性。这不但
加剧了由美国主导的国际体系内部的分歧，而且意味着

美国需要为获得和维持"世界领导者"的合法地位付出更多物质投入。

美国通过构造全球军事基地网络实现对世界的政治统治和价值传播，借此展现所谓自由民主国家的优越性，使世界接受美国式的政治、文化和消费观念。维持这一由军事带动的价值传播网络需要耗费巨额的财政开支。① 为了促使美国价值观在世界范围内推行，美国政府还需要不断资助那些有扶植潜力的外国政府及机构，推进其国内"民主化"进程。这些大规模援助遍布于中亚、非洲、中东、拉美和东南亚地区。② 如今，该项财政支出越来越令美国政府感到捉襟见肘，成为国内不愿承受的负担。

层出不穷的全球治理问题也导致美国领导世界的成本明显提升。全球化进程在国际公共领域引发越来越多

① 查默斯·约翰逊：《帝国的悲哀——黩武主义、保密与共和国的终结》，任晓等译，上海人民出版社 2005 年版，第 1、5、24—25 页。关于美国扩张背后所承担的巨大财政代价另可参见查默斯·约翰逊《帝国的警钟——美国共和制的衰亡》，周洁译，生活·读书·新知三联书店 2009 年版；《反弹——美利坚帝国的代价与后果》，罗原译，生活·读书·新知三联书店 2008 年版。

② Condoleezza Rice, 2008, "Rethinking the National Interest: American Realism for a New World", *Foreign Affairs*, July/August, pp. 2 –26.

的难题，其中影响人类发展甚至生存的全球问题主要包括恐怖主义的威胁、大规模杀伤性武器失控、地区冲突与安全、金融体系的系统性风险、全球贸易失衡、气候变化及环境恶化、疾病蔓延、有组织的跨国犯罪和难民泛滥等。面对不断涌现和升级的全球问题及矛盾，美国需要提供必要的全球公共产品，才能维持其领导全球事务的合法性地位。如今，自身实力正在下滑的美国深陷于全球性"道义"责任的泥淖中，显得力不从心。

在相对实力衰落的过程中，美国在外部世界的价值和物质利益目标难以兼顾，这导致其国内对于战略目标的定位出现越来越严重的分歧。不同阶层和利益群体对于国家利益和对外战略目标的认同危机引发社会的分化，并由此影响美国对外政策的方向。

在是否将国家大量资源投入国际事务问题上，美国精英阶层与公众之间的分歧和矛盾加剧。在普遍感受到国家实力下降的情况下，美国民众的主流对于过多干预国际事务持排斥态度。他们希望政府把更多资源用于社会福利，而非耗费在与他们切身利益关系不大的国际事务中。特别当扮演世界领导者角色会减损国内福利时，公众会怀有强烈的抵触情绪。新闻媒介此时往往选择推波助澜，以求制造社会兴奋点。在声势壮大的舆论和民主决策程序双重压力下，美国决策者可能被迫迁就国内社会情绪，来制定或调整对外政策。① 社会精英和普通民众之间的分歧已成为未来美国继续承担世界领导责任的主要障碍。

在如何体现对外战略制定中的价值目标问题上，美国精英阶层内部的分化开始凸显。美国精英阶层的主流更为看重海外商业利益的实现，但与此同时，对于如何处理对外战略中的价值目标问题也在政治和文化精英群体中形成广泛争议。在美国，政治决策者必须在符合国家价值观念的大原则下才能有效推行其对外政策②，否则便会受到来自政府部门、国会、反对党、思想文化界和新闻界的强劲阻力。③ 在对外政策被认为违背美国价值观时，那些具有社会和政策影响力的政治人物和思想文化精英会强烈谴责和反对政府违背人道主义精神和人权等

① Zbigniew Brzezinski, 2007, *Second Chance：Three Presidents and the Crisis of American Superpower*, New York：Basic Books.

② Earl H. Fry, Stan A. Taylor and Robert S. Wood, 1994, *America the Vincible：U. S. Foreign Policy for the Twenty – First Century*, Englewood Cliffs, NJ：Prentice – Hall, p. 113；Ali A. Mazrui, 1990, *Cultural Forces in World Politics*, New Hampshire：Heinemann Educational Books, Inc., p. 7.

③ 斯帕尼尔：《第二次世界大战后美国的外交政策》，段岩石译，商务印书馆 1993 年版，第 445 页。

国际承诺的行为，并应用他们的影响对决策方向施压。

　　精英及社会阶层分化干扰美国对外决策方向的途径表现为，利益集团政治与党派纷争愈演愈烈。在相对国力衰落的过程中，不同利益集团会就美国对外战略中的两个目标给出不同的理解和排序，其间产生的分歧对国家战略和决策的掣肘越来越严重。近年来，美国集团政治的分化首先体现在党派分歧的日趋尖锐上。长期以来美国各党派在基本原则性问题上通常能够达成相对共识，而如今这种共识在对外政策领域越来越难以凝聚。与此同时，各种利益集团也成为牵制美国对外战略制定的政治力量。商业界、行业协会、劳工集团、种族集团、宗教团体等众多集团之间在利益和认同方面冲突的加剧，使美国对外战略的制定往往不得不面对相互抵触和难以协调的诉求。①

　　美国不是由天然的血统、民族和地域所组成，其国家凝聚力在于不同的族群之间逐渐形成的价值认同。美国国家利益的界定一直建立在这种特性基础上。随着族群和集团政治走向分化，美国国内在战略目标定位上的

---

　　①　布热津斯基：《大抉择：美国站在十字路口》，第210—219页；米歇尔·克罗齐、绵贯让治、塞缪尔·亨廷顿：《民主的危机》，马殿军等译，求实出版社1989年版，第140—141、142—144页。

价值和利益分歧日益扩大。因此，美国对外战略的制定陷入如下两难困境：是为了扮演世界领导者角色，继续承担其越来越难以承受的重负，还是为了现实利益坐视美国主导国际社会的合法性不断被削弱？①

在相对实力衰落的约束条件下，如果不能做到以较小的物质代价保全道德原则，或者对现实利益的追求违背了基本价值观，则美国国内集团政治将形成相互掣肘的力量向决策部门施加压力。这种力量将使美国对外战略和政策的制定面临巨大的挑战。因此，如何保证国内各利益集团的现实利益，并在他们能够接受的原则和代价限度内制定对外战略和政策，是美国决策层面临的难题。

在相对实力走向衰落的时代，美国国内集团在实现对外价值目标所需承担的代价面前无法取得共识，这迫使商业理念深入骨血的美国精英阶层不得不努力在两大目标之间寻求投入—产出最大化的战略。美国精英阶层不愿放弃世界领导者的地位，于是试图在外交上运用

① 亨廷顿：《我们是谁：美国国家特性面临的挑战》，第9—10页。

"巧实力"来缓解国内集团政治压力。① "巧实力"外交理念体现了美国在相对实力衰落过程中采取的战术调整。它并非一套目标明确的对外政策，而是为了应对当前困境而选择的一种外交策略。该策略的本质是灵巧地利用美国的硬实力和各种影响力的组合，以最小的物质投入来领导和治理世界。"巧实力"策略的功能性目标是，为衰落中的美国平衡对外战略的价值与现实利益目标，以及国内事务与全球议程之间的矛盾。受实力和国内政治所限，美国开始减少对外实质性的物质投入，更注重运用自身对国际规则和国际社会舆论的控制力，以及对盟友和多边世界的影响力巩固领导者地位。其战略调整具体表现在以下方面。

---

① "巧实力"一词最早由苏珊尼·诺瑟于 2004 年提出。她在《外交》杂志的同名文章中强调综合运用硬实力和软实力来实现美国外交目标的重要性，认为"巧实力"战略是威尔逊、罗斯福、杜鲁门和肯尼迪奉行的自由国际主义理论延伸。2007 年，美国前副国务卿阿米蒂奇和小约瑟夫·奈共同发表了题为《巧实力战略》的研究报告，明确提出美国应运用"巧实力"进行对外战略转型，以恢复其国际影响力。Suzanne Nossel, 2004, "Smart Power", *Foreign Affairs*, March/April, pp. 131 – 142; Richard L. Armitage and Joseph S. Jr. Nye, *Commission on Smart Power: A Smarter, More Secure America*, Washington, D. C: Report for Center for Strategic and International Studies, 2007, http://www.csis.org/media/csis/pubs/071106 _ csissmartpowerreport. pdf。

第一，由于在全球推进民主化和用美国价值观改造世界会面临财政重负，因此美国有意识地在规模和范围上缩减该项支出。美国仍然需要在价值观和意识形态领域塑造对手，并以此巩固自己作为民主世界领袖的合法性。但是，需要大量消耗物质力量的战略，特别是通过传统手段遏制对手已不合时宜。美国当前的策略是：一方面通过操纵国际社会的道德舆论妖魔化对手；另一方面夸大对手与主流价值观和政治制度的差异，并极力将这种差异与安全威胁联系在一起。这一策略的目的是令对手在国际社会陷入孤立局面。

第二，维系单边霸权所承受的财政负担已逐渐超出国内的心理承载能力，美国开始主动塑造一个共担风险和责任的多边世界，让更多国家分摊美国的全球治理成本。这一由美国主导的多边世界的构建，表面上令更多成员可以分享美国的权力和国际地位，但实质目的是让这些国家为全球问题的支出埋单。美国一方面敦促西方盟国在美国不愿卷入的地区为保卫人权、支持民主制度而投入，另一方面联合与美国具有依赖关系或共同利益的新兴国家一起应对全球治理的挑战。

第三，通过加强对国际机制和国际规则的控制，巩固其世界领导地位。主导国际规则不但是美国获得现实利益的有效手段，同时也是其运用国际影响力降低领导成本的有效途径。美国一直试图鼓励更多国家融入自己主导的国际机制和规则体系中，使他们按照对美国有利的游戏规则出牌。随着相对实力的下降，对于其一手塑造的相互依赖的自由主义国际秩序，美国已经不再具有足以支配它的财富和权威。美国运用国际规则网络的原则、方向和策略都随着其战略目标的重新定位而进行重要调整，更加重视国际规则在钳制竞争者方面的功效，力图通过有针对性地修改和解释规则来限制新兴崛起国影响力的发挥。

美国对其国际规则战略的调整首先体现在对华相关政策的变化上。相对实力下降阶段的美国处理对华关系时，价值和现实利益目标难以相互适从。面临国内不同阶层和利益集团相互冲突的诉求，美国决策层对待中国的态度是矛盾的。美国在战略上无法容忍一个实力不断接近自己的大国崛起。何况，中美之间价值观和政治制度分歧很大，美国精英阶层担心中国未来在制度和文化领域成为美国的竞争者甚至挑战者。与此同时，中美之间有密切的现实利益关系。美国维持开放的国际经济体系和多边世界需要中国的参与和配合，在全球保持经济优势需要中国庞大的市场，其商业集团在华拥有更巨大的商业利益。

面临对华战略的两难选择，美国不得不寻找既可以有效阻止中国崛起，又能容纳中国经济发展的两全之策。美国精英阶层认识到，衰落中的美国难以阻止中国实力上升的势头。鉴于实力和相互依赖关系的约束，他们倾向于运用制度而非传统军事遏制手段阻碍中国的崛起进程。美国对规则的操控主要表现为三种策略，具体以哪种为重则随着中美实力对比的不同阶段而调整。

第一，鼓励中国融合到美国主导的国际机制和规则体系之中，令中国成为国际体系中负责任的利益攸关方。过去十年，美国曾一直努力将中国引导和塑造成符合西方价值观念、遵守国际规则的体系融入者。部分美国精英阶层认为，接纳中国融入各种国际组织不但可以为美国分担全球治理的责任，而且降低了中国挑战现有国际秩序的可能性。[①]

第二，利用国际规则的主导权有针对性地钳制中国实力的运用。在相对实力衰落阶段，美国将战略重点调整为，阻碍中国借助上升的实力改变国际秩序现状，以

①　John Ikenberry, 2008, "The Rise of China and the Future of the West: Can the Liberal System Survive?" *Foreign Affairs*, Jannuary/February.

及通过规则体系遏制中国权力的增长。当中国借助既有规则不断获益和壮大，特别是有可能利用规则提高国际地位时，美国便会联合其盟友、伙伴以及与中国有重要利益冲突的国家有针对性地修改规则。美国力图通过这种方式限制中国实力的发挥空间，阻止中国将不断上升的实力进一步转化为国际影响力。

第三，通过操纵规则的解释权和国际舆论，在国际社会削弱中国崛起的合法性。由于实力的上升，中国合理利用规则的结果往往会撼动美国的利益。美国的应对策略是：利用对规则的解释权赋予规则以道德价值内涵，然后联合西方国家，操纵国际社会舆论和评价体系将中国的合法行为提升到道德领域予以压制。这一策略的最终目的是在国际社会孤立中国，降低中国崛起和运用实力的合法性。

随着中美两国实力此消彼长的变化，美国在国际制度领域对中国的鼓励融入策略正逐渐向钳制策略的趋势发展。美国阻止中国实力继续上升的能力和政策空间有限。因此，美国的战略重点并非通过实力竞争取胜，或消耗自身资源去打击和减损中国的实力，而是通过游戏规则和道德话语权约束中国运用实力的空间，阻止中国将上升的实力转化为相应的国际影响力。

身处美国和西方世界步步为营的制度设计中，中国面临一系列相关难题及选择：在一个由美国主导的国际秩序网络中，中国是否能接受彻底被同化，成为西方规则和价值体系的从属者？中国未来能否建立一个平行于美国的规则体系，并且让"排除异己"的美国理性接受？面对美国主导的国际体系，中国怎样才能充分利用其集团利益分歧和务实的一面，将自身崛起的势头和基于自身价值观的发展道路持续下去？这些都是需要我们深入思考的长期命题。

参考文献

1. Abernethy, David B., 2000, *The Dynamics of Global Dominance*: *European Overseas Empires*, *1415 – 1980*, New York: Yale University Press.

2. Adams, James L., 1970, *The Growing Church Lobby in Washington*, Grand Rapids: William B. Eerdmans.

3. Albright, Madeleine K., 1998, "The Testing of American Foreign Policy", *Foreign Affairs*, November/December., pp. 50 – 64.

4. Alfred G. Mower, 1987, *Human Rights and American Foreign Policy*: *The Carter and Reagan Experiences*, New York: Greenwood Press.

5. Almond, Gabriel A., 1950, *The American People and Their Foreign Policy*, New York: Harcourt, Brace.

6. Armitage, Richard L. and Joseph S. Jr. Nye, 2007, *Commission on Smart Power*: *A Smarter*, *More Secure America*, Washington, D. C: Report for Center for Strategic and International Studies, http://www.csis.org/media/csis/pubs/071106_ csissmartpowerreport. pdf.

7. Arthur, W. Brian, 1989, "Competing technologies and lock – in by historical small events", *Economic Journal* 99, March: pp. 116 – 131.

8. Atkins, Pope G. and Larman C. Wilson, 1972, *The United States and the Trujillo Regime*, New Hampshire: Rutgers University Press.

9. Bachrach, Peter, and Morton S. Baratz, 1962, "Two Faces of Power", *American Political Science Review*, Vol. 56, No. 4, pp. 947 – 952.

10. Barnes, Harry E., 1925, *The New History and the Social Studies*, New York: The Century Co.

11. Barnett, Jeffery R., 1994, "Exclusion as National Security Policy", *Parameters*, Vol. 24, pp. 51 – 65.

12. Beard, Charles A., 1934, *The idea of national interest*, New York: Macmillan.

13. Beard, Charles, and Mary Beard, 1927, *The Rise of American Civilization*, Vol. 2, New York: Macmillan.

14. Bell, Coral, 1999, "American Ascendancy and the Pretense of Concert", *The National Interest*, Vol. 57 (Fall), pp. 55 – 63.

15. Bemis, Samuel F., 1926, *Pinckney's Treaty: a Study of America's Advantage From Europe's Distress, 1783 – 1800*, Baltimore: The Johns Hopkins press.

16. Benson, Bruce L., 1984, "Rent Seeking from a Property Rights Perspective", *Southern Economic Journal*, Vol. 51, No. 2, pp. 388 – 400.

17. Bentley, Arthur, 1967, *The Process of Government*, Cambridge: Belknap Press of Harvard University Press.

18. Berry, Jeffrey M., 1984, *The interest Group Society*, Boston: Little Brown.

19. Bilmes, Linda and Joseph Stiglitz, 2006, "The Economic Costs of the Iraq War: An Appraisal Three Years after the Beginning of the Conflict", *NBER Working Paper*, No. 12054, http: //www. nber. org/papers/w12054.

20. Birnbaum, Jeffrey H. , 2005, "The Road to Riches Is CalledK Street", *Washington Post*, June 22.

21. Blinken, Antony, 2001, "The False Crisis over the Atlantic", *Foreign Affairs*, Vol. 80, No. 3, pp. 35 – 48.

22. Brzezinski, Zbigniew, 2007, *Second Chance: Three Presidents and the Crisis of American Superpower*, New York: Basic Books.

23. Buchanan, James M. , 1980, "Rent Seeking and Profit Seeking", in *Toward a Theory of the Rent – Seeking Society*, Buchanan (et al. eds.), College Station: Texas A & M University Press.

24. Burns, James M. , 1989, *The Crosswinds of Freedom*, New York: Alfred Knopf.

25. Calhoun, Frederick S. , 1986, *Power and Principle: Armed Intervention in Wilsonian Foreign Policy*, Kent, Ohio: Kent State University Press.

26. Calhoun, Frederick S. , 1993, *Uses of Force and Wilsonian Foreign Policy*, Kent, Ohio: Kent State University Press.

27. Caruthers, Thomas, 1993, *In the Name of Democracy: U. S. Policy Toward Latin America in the Reagan Years*, Berkeley: University of California Press.

28. Caruthers, Thomas, 1999, *Aiding Democracy Abroad: The Learning Curve*, Washington, D. C. : Carnegie Endowment.

29. Chidester, D. , 1971, *Patterns of Power, Religion and Politics in American Culture*, New Jersey: Princeton University Press.

30. Cimbala, Stephen J. , 1994, *Military Persuasion: Deterrence and Provocation in Crisis and War*, University Park, PA: Pennsylvania State University Press.

31. Cimbala, Stephen J. , 1998, *Coercive Military Strategy*, College Station: Texas A&M University Press.

32. Clinton, Hillary R. , 2007, "Security and Opportunity for the Twenty – first Century", *Foreign Affairs*, *November/December.*

33. Congressional Research Service, 2008, "Comparing Global Influence: China's and U. S. Diplomacy, Foreign Aid, Trade, and Investment in the Developing World", *CRS Report for US. Congress*, RL34620, http://www. usembassy. it/pdf/other/RL34620. pdf.

34. David, Paul A. , 1985, "Clio and the Economics of QWERTY", *The American Economic Review*, Vol. 75, No. 2, Papers and Proceedings 332 – 337 (May) .

35. David, Paul A. , 1997, "Path Dependence and the Quest for Historical Economics: One More Chorus of the Ballad of QWERTY", *Discussion Papers in Economics and Social History*, University of Oxford, http://www. nuff. ox. ac. uk/economics/history/paper20/david3. pdf.

36. De Conde, Alexander, 1976, *This Affair of Louisiana*, New York: Charles Scribner's Sons.

37. Dewey, John, 1910, *The Influence of Darwin on Philosophy*, New York: H. Holt and Co.

38. Diamond, Larry, 1994, "Promoting Democracy", in *The Future of American Foreign Policy*, Eugene R. Wittkopf (ed.), New York: St. Martin's Press.

39. Domhoff, William G. , 1970, *The Higher Circles: The Governing Class in America*, New York: Random House.

40. Domhoff, William G. , 1972, *Fat Cats and Democrats: The Role of the Big*

Rich in the Party of the Common Man, Englewood Cliffs, New York: Prentice – Hall.

41. Domhoff, William G. , 1979, *The Powers That Be: Processes of Ruling Class Domination in America*, New York: Vintage Books.

42. Domhoff, William G. , 1987, *Power Elites and Organizations*, Newbury Park, Calif: Sage Publications.

43. Domhoff, William G. , 1990, *The Power Elite and the State: How Policy Is Made in America*, New York: Aldine De Gruyter.

44. Domhoff, William G. , 1996, *State Autonomy or Class Dominance? Case Studies on Policy Making in America*, New York: Aldine de Gruyter.

45. Doyle, Michael, 1986, "Liberalism and World Politics Revisited", *American Political Science Review*, Vol. 80, No. 4, pp. 1151 – 1169.

46. Drew, Elizabeth, 1983, *Politics and Money: The New Road to Corruption*, New York: Macmillan.

47. Ebersole, Luke Eugene, 1951, *Church lobbying in the Nation´s Capital*, New York: Macmillan.

48. Ekbladh, David, 2006, "From Consensus to Crisis: The Postwar Career of Nation Building in U. S. Foreign Relations", in *Nation – Building: Beyond Afghanistan and Iraq*, Francis Fukuyama (ed.), Baltimore: Johns Hopkins University Press.

49. Ferguson, Niall, 2008, "The End of Prosperity?" *Time*, October 2.

50. Fiske, John, 1883, *Excursions of an Evolutionist*, Boston: Houghton, Mifflin.

51. Fiske, John, 1885, *American Political Ideas Viewed from the Standpoint of U-*

niversal History, New York: Harper & Brothers.

52. Fiske, John, 1902, "A century of science and other essays", *The writings of John Fiske*, Cambridge, Mass. : Printed at the Riverside Press.

53. Fiske, John, 1902, "The Destiny of Man", *Studies in religion*; *Being The destiny of man*; *The idea of God*; *Through nature to God*; *Life everlasting*, Boston: Houghton, Mifflin.

54. Fravel, Taylor M. , 2005, "Regime Insecurity and International Coopera-tion: Explaining China's Compromises in Territorial Disputes", *International Security*, Vol. 30, No. 2, pp. 46 – 83.

55. Fravel, Taylor M. , 2008, "Power Shifts and Escalation: Explaining China's Use of Force in Territorial Disputes", *International Security*, Vol. 32, No. 3, pp. 44 – 83.

56. Friedman, Thomas, 1999, *The Lexus and the Oliver Tree*, Farrar: Straus & Giroux.

57. Fry, Earl H. , Stan A. Taylor and Robert S. Wood, 1994, *America the Vinci-ble: U. S. Foreign Policy for the Twenty – First Century*, Englewood Cliffs, NJ: Prentice – Hall.

58. Fukuyama, Francis, 2007, *After the Neocons: America at the Crossroads*, London: Profile Books.

59. Galama, Titus and James Hosek, 2008, *U. S. Competitiveness in Science and Technology*, RAND National Defense Research Institute, http: //www. rand. org/pubs/monographs/2008/RAND_ MG674. pdf

60. Gallman, R. E. , 1960, "Commodity Output, 1839 – 1899", in *Trends in the American Economy in the Nineteenth Century* (Studies in Income and

Wealth of the National Bureau of Economic Research, vol. 24), Princeton: Princeton University Press.

61. Gallman, Robert, 1972, "The Pace and Pattern of American Economic Growth", in *American Economic Growth*, edited by Lance Davis, Richard Easterlin, et al. , New York: Harper & Row.

62. Galston, William A. , 2002, "Why a First Strike Will Surely Backfire?" *Washington Post*, June 16.

63. Gelernter, David, 2007, *Americanism: The Fourth Great Western Religion*, New York: Doubleday.

64. George, Alexander, 1992, *Forceful Persuasion: Coercive Diplomacy as an Alternative to War*, Washington, D. C. : United States Institute of Peace.

65. Gilpin, Robert, 1975, *Power and Multinational Corporation: The Political Economic of Foreign Direct Investment*, New York: Basic Books.

66. Goulden, Joseph, 1972, *The Superlawyers*, New York: Dell.

67. Grosskey, William W. , 1980, *Politics and the Constitution in the History of the United State*, Chicago: The University of Chicago Press.

68. Grossman, Gene M. , and Elhanan Helpman, 1996, "Foreign Investment with Endogenous Protection", In *The Political Economy of Trade Policy*, Feenstra, Robert C. , Gene M. Grossman and Douglas A. Irwin (ed) . , Cambridge, Mass: MIT Press, pp. 199 – 223.

69. Grossman, Gene M. , and Elhanan Helpman, 2002, *Interest Groups and Trade Policy*, Princeton and Oxford: Princeton University Press.

70. Hall, William E. , 1924, *A Treatise on International Law*, 8th edition, Oxford: Clarendon Press.

71. Heald, Morrell and Lawrence S. Kaplan, 1977, *Culture and Diplomacy: The American Experience*, Westport, CT: Greenwood Press.

72. Helpman, Elhanan, 1997, "Politics and Trade Policy", in Kreps, D. M. and K. F. Wallis (ed.), *Advances in Economics and Econometrics: Theory and Applications*, Vol. 1, Cambridge: Cambridge University Press.

73. Hietala, Thomas R., 1985, *Manifest design: anxious aggrandizement in late Jacksonian America*, Ithaca, New York: Cornell University Press.

74. Hoffman, Charles, 1956, "The Depression of the Nineties", *Journal of Economic History*, Vol. 16, No. 2, pp. 137 – 164.

75. Hoffmann, Stanley, 1977, "An American Social Science: International Relations", *Daedalus*, Vol. 106, No. 3, pp. 41 – 66.

76. Hofstadter, Richard, 1944, *Social Darwinism in American Thought, 1860 – 1915*, Philadelphia: University of Pennsylvania Press.

77. Holmes, Oliver W., 1954 [1943], *The mind and faith of Justice Holmes: his speeches, essays, letters, and judicial opinions*, edited by Max Lerner, New York: Modern Library.

78. Holsti Ole R. and James N. Rosenau, 1984, *American Leadership in World Affairs – Vietnam and the Breakdown of Consensus*, George Allen & Unwin Publishers.

79. Huntington, Samuel P., 1999, "The Lonely Superpower", *Foreign Affairs*, Vol. 78, No. 2, pp. 35 – 49.

80. Ikenberry, John, 2008, "The Rise of China and the Future of the West: Can the Liberal System Survive?" *Foreign Affairs*, Jannuary/February.

81. IMF, 2008, *World Economic Outlook Database*, October, http://

www. imf. org/external/index. htm.

82. Institute for Agriculture and Trade Policy (IATP), 2004, *The Treaty Data-base*: *A Monitor of U. S. Participation in Global Affairs*, September, a report from the Global Cooperation Project of IATP, http: //www. globalpolicy. org/empire/un/2004/09database. pdf.

83. Jacques, Martin, 2009, *When China Rules the World*: *the Rise of the Middle Kingdom and the End of the Western World*, New York: Penguin Group Inc.

84. Jentleson, Bruce W. , 2000, *American Foreign Policy*: *The Dynamic of Choice in the 21st Century*, New York: W. W. Norton & Company.

85. Josephson, Mattew, 1934, *The Robber Barons*, New York: Harcourt, Brace.

86. Kagan, Robert, 1998, "The Benevolent Empire", *Foreign Policy*, No. 111, pp. 24 – 35.

87. Kapstein, E. Beth, 1989, "Resolving the Regulator's Dilemma: International Coordination of Banking Regulations", *International Organization*, Vol. 43, No. 2, pp. 323 – 347.

88. Kapstein, E. Beth, 1992, "Between Power and Purpose: Central Bankers and the Politics of Regulatory Convergence", *International Organization*, Vol. 46, No. 1, pp. 265 – 287.

89. Kennan, George, 1947, "The Sources of Soviet Conduct", *Foreign Affairs*, Vol. 25, No. 4, pp. 566 – 582.

90. Keohane, Robert, 1998, "International Institutions: Can Interdependence Work?" *Foreign Policy*, Spring, pp. 82 – 96.

91. Kirk, Russell, 1957, *The American Cause*, Chicago: Henry Regnery.

92. Kirkpatrick, Jeanne J., 1979, "Dictatorships and Double Standards", Commentary, Vol. 68, No. 5, pp. 34 – 35.

93. Kissinger, Henry, 1956, "Reflection on American Diplomacy", *Foreign Affairs*, September/October, pp. 19 – 56.

94. Krasner, Stephen D., 1977, "U. S. Commercial and Monetary Policy: Unraveling the Paradox of External Strength and Internal Weakness", *International Organization*, Vol. 31, No. 4.

95. Krueger, Anne O. (ed.), 1996, *The Political Economy of Trade Protection*, Chicago: The University of Chicago Press.

96. Krueger, Anne O., 1974, "The Political Economy of the Rent – Seeking Society", *American Economic Review*, Vol. 64, No. 3, pp. 291 – 303.

97. Krugman, Paul R., 1979, "Increasing Returns, Monopolitic Competition, and International Trade", *Journal of International Economics*, Vol. 9, pp. 469 – 479.

98. Krugman, Paul R., 1983, "New Theories of Trade Among Industrial Countries", *American Economic Review*, Vol. 73, No. 2, pp. 343 – 347.

99. Kupchan, Charles A., 2002, *The End of the American Era: U. S. Foreign Policy and the Geopolitics of the Twenty – First Century*, New York: Alfred Knopf.

100. Lancaster, Carol, 2007, "The Chinese Aid System", Center for Global Development, June, http://www. cgdev. org.

101. Landes, David, 1994, "What Room for Accident in History? Explaining Big Change by Small Events", *The Economic History Review*, Vol. 47, No. 4.

102. Leech, Margaret, 1959, *In the days of McKinley*, New York: Harper & Brothers.

103. Lippmann, Walter, 1943, *U. S. Foreign Policy: Shield of the Republic*, Boston: Little Brown.

104. Lippmann, Walter, 1944, *U. S. War Aims*, Boston: Little Brown.

105. Lipset, S. M. , 1967, *The First New Nation: The United State in History and Comparative Perspective*, New York: Boubleday/ Anchor.

106. Lowi, Theodore M. , 1979, *The End of Liberalism*, Revise edition, New York: Norton.

107. Luce, Henry R. , 1999, "The American Century", *Diplomatic History*, Vol. 23, No. 2, (Reprinted from *Life*, 17, February, 1941), pp. 71 – 159.

108. Mandelbaum, Michael, 2002, *The Ideas that Conquered the World: Peace, Democracy, and Free Markets in the Twenty – first Century*, New York: Public Affairs.

109. Manne, Catherine L. , 1999, " Is the U. S Trade Deficit Sustainable?" Institute for International Economics, Washington D. C.

110. Manne, Catherine L. , 2000, "Perspectives on the U. S. Current Account Deficit and Sustainability", *Journal of Economic Perspectives*, Vol. 16, No. 3, pp. 131 – 152.

111. Mazrui, Ali A. , 1990, *Cultural Forces in World Politics*, New Hampshire: Heinemann Educational Books Inc. .

112. McCloskey Robert G. , 1951, *American Conservatism in the Age of Enterprise 1865 – 1910*, Cambridge, Mass. : Harper & Torchbook.

113. McCormick, Thomas J. , 1967, *China Market: America's Quest for Informal Empire 1893 – 1901*, Chicago: Quadrangle Books.

114. McDonald, Forrest, 1958, *We the People: The Economic Origins of the Constitution*, Chicago: University of Chicago Press (McDonald, Forrest, 1958, *We the People: The Economic Origins of the Constitution*, Chicago: University of Chicago Press).

115. McDougall, Walter A. , 1997, *Promised Land, Crusader State*, Boston: Houghton Mifflin Company.

116. McGuire, Robert A. and Robert L. Ohsfeldt, 1984, "Economic Interests and the American Constitution: A Quantitive Rehabilitation of Charles A. Beard", *Journal of Economic History*, Vol. 44, pp. 509 – 520.

117. McKinnon, Ronald, 2001, "The International Dollar Standard and Sustainability of the U. S. Current Account Deficit", Brookings Panel on Economic Activity: Symposium on the U. S. Current Account

118. Mearsheimer, John J. and Stephen M. Walt, 2006, "The Israel Lobby and U. S. Foreign Policy", *KSG Working Paper*, No. RWP06—011.

119. Mearsheimer, John J. , 1994, "The False Promise of International Institutions", *International Security*, Vol. 19, No. 3, pp. 5 – 49.

120. Miliband, Ralph, 1969, *The States in Capitalist Society: The Analysis of Western System of Power*, London: Quarter Books.

121. Muravchik, Joshua, 1991, *Exporting Democracy: Fulfilling America's Destiny*, Washington, D. C. : American Enterprise Institute Press.

122. Nedelsky, Jennifer, 1990, *Private Property and the Limits of American Constitutionalism: The Madisonian Framework and its Legacy*, Chicago: Uni-

versity of Chicago Press.

123. Newman, John M. , 1992, *JFK and Vietnam: Deception, Intrigue, and the Struggle for Power*, New York: Warner Books.

124. Nossel, Suzanne, 2004, "Smart Power", *Foreign Affairs*, March/April.

125. Nye, Joseph S. Jr. , 1990, *Bound to Lead: The Changing Nature of American Power*, New York: Basic Books.

126. Nye, Joseph S. Jr. , 1999, "Redefining the National Interest", *Foreign Affairs*, July/August.

127. Nye, Joseph, S. Jr. , 2002, *The Paradox of American Power: Why the World's Only Superpower Can't Go It Alone?* New York: Oxford University Press.

128. Oatley, Thomas and Robert Nabors, 1998, "Redistributive Cooperation: Market Failure, Wealth Transfers, and the Basle Accord", *International Organization*, Vol. 52, No. 1, pp. 35 –54.

129. Painter, Nell I. , 1987, *Standing at Armageddon: The United States, 1877 –1919*, New York: W. W. Norton & Company.

130. Petracca, Mark P. (ed.), 1992, The Politics of Interests; Interest Groups Transformed, Boulder: Westview Press.

131. Podhoretz, Norman, 1982, *Why We Were in Vietnam*, New York: Simon & Schuster.

132. Pound, Roscoe, 1938, *The Formative Era of American Law*, Boston: Little Brown.

133. Pound, Roscoe, 1954, *An Introduction to the Philosophy of Law*, New Haven: Yale University Press.

134. Prestowitz, Clyde P. , 2003, *Rogue Nation: American Unilateralism and the Failure of Good Intentions*, New York: Basic Book.

135. Putnam, Robert D. , 1988, "Diplomacy and Domestic Politics: The Logic of Two – Level Games", *International Organization*, Vol. 42, No. 4, pp. 427 – 460.

136. Ralph H. Gabriel, 1940, *The Course of American Democratic Thought: An Intellectual History Since 1815*, New York: The Ronald Press Co.

137. Ramo, Joshua C. , 2004, *The Beijing Consensus*, London: The Foreign Policy Centre.

138. Reichley, James, 1985, *Religion in American Public Life*, Washington, D. C. : Brookings Institution.

139. Revolving Door Working Group, 2005, "A Matter of Trust: How the Revolving Door Undermines Public Confidence in Government-And What to Do about It?" October.

140. Rice, Condoleezza, 2000, "Promoting the National Interest", *Foreign Affairs*, January/February.

141. Rice, Condoleezza, 2008, "Rethinking the National Interest", *Foreign Affairs*, July/August.

142. Riley, Woodbridge, 1915, *American Thought, from Puritanism to Pragmatism*, New York: H. Holt and Co. .

143. Riordon, William L. , 1994, *Plunkitt of Tammany Hall: A Series of Very Plain Talks on Very Practical Politics*, Bedford Books: Boston.

144. Robert B. Zoellick, September 21, 2005, "Whither China: From Membership to Responsibility?" Deputy Secretary State Remarks to National Commit-

tee on U. S. -China Relations, http：//www. ncuscr. org/articlesandspeech-
es/Zoellick. htm.

145. Robert P. Browder, 1953, *The Origins of Soviet-American Diplomacy*, Prin-
ceton：Princeton University Press.

146. Roosevelt, Theodore, 1889 – 1896, *The Winning of the West*, 4 Vols. New
York：Putnam.

147. Rosenberg, Emily S. , 1982, *Spreading the American Dream：American E-
conomic & Cultural Expansion*, *1890 – 1945*, New York：Hill & Wang.

148. Santayana, George, 1956, *Character and Opinion in the United States*,
New York：Doubleday.

149. Schattschneider, E. E. , 1942, *Party government*, New York：Farrar &
Rinehart.

150. Schattschneider, E. E. , 1960, *The Semi – Sovereign People：A Realist 's
View of Democracy*, New York：Holt, Rinehart & Winston.

151. Schroeder, Paul W. , 1996, "Can Diplomatic History Guide Foreign Poli-
cy?" *The International History Review*, Vol. 58, No. 2.

152. Seligman, Edwin R. A. , 1961 [1895], *The Economic Interpretation of His-
tory*, New York：Columbia University Press.

153. Sharansky, Natan, 2004, *The Case for Democracy：The Power of Freedom
to Overcome Tyranny and Terror*, New York：Public Affairs.

154. SIPRI Yearbook 2008, http：//yearbook2008. sipri. org/.

155. Steffens, Lincoln, 1957, *The Shame of the Cities*, New York：Hill and
Wang.

156. Stein, Arthur A. , 1980, *The Nation at War*, Baltimore：Johns Hopkins

University Press.

157. Stigler, George J. , 1971, "The Theory of Economic Regulation", *Bell Journal of Economics and Management Science*, Vol. 2, No. 1, pp. 3 – 31.

158. Stiglitz, Joseph, 2006, "On Free Trade, Washington Is Trading Freely in Hypocrisy", http: //www. globalpolicy. org/socecon/trade/2006/ 0711stig. htm.

159. Strange, Susan, 1987, "The Persistent Myth of Lost Hegemony", *International Organization*, Vol. 41, No. 4, pp. 551 – 574.

160. Sumner, William G. , 1992, *On Liberty, Society, and Politics: The Essential Essays of William Graham Sumner*, edited by Robert C. Bannister, Indianapolis: Liberty Fund.

161. Sutton, Frank, 2006, "Nation – Building in the Heyday of the Classic Development Ideology: Ford Foundation Experience in the 1950s and 1960s", in *Nation – Building: Beyond Afghanistan and Iraq*, Francis Fukuyama (ed.), Baltimore: Johns Hopkins University Press.

162. Talbott, Strobe, 1996, "Democracy and the national interest", *Foreign Affairs*, November/December, pp. 47 – 63.

163. Terrill, Tom E. , 1973, *The Tariff, Politics, and American Foreign Policy, 1874 – 1901*, Westport, CT: Greenwood Press.

164. The White House, 2002, *The National Strategy of the United States of America*, p. 1, http: //www. whitehouse. gov/nsc/nss. html.

165. The White House, 2006, "The NSS of the USA", www. whitehouse. gov/ nsc/nss/2006.

166. Tollison, Robert D. , 1982, "Rent Seeking: A Survey", *Kyklos*, Vol. 35,

No. 4, pp. 575 – 602.

167. Truman, David B. , *The Government Process*, New York: Alfred Knopf.

168. Tullock, Gordon, 1967, "The Welfare Costs of Tariffs, Monopolies and Theft", *Western Economic Journal*, Vol. 5, pp. 224 – 232.

169. Turner, Frederick J. , 1893, "The Significance of the Frontier in American History", http: //en. wikipedia. org/wiki/Frederick_ Jackson_ Turner.

170. U. S. Census Bureau, 1960, *History Statistics of the United States: Colonial Times to 1957*, Washington, D. C. : Government Printing Office.

171. Veblen, Thorstein, 1904, *The Theory of Business Enterprise*, New York: C. Scribner's Sons.

172. Wald, Kenneth D. , 1987, *Religion and Politics in the United States*, New York: St. Martin's Press.

173. Wallis, John, 2004, "The Concept of Systematic Corruption in American Political and Economic History", *NBER Working Paper*, No. 10952.

174. Walter L. Williams, 1980, "United States Indian Policy and the Debate over Philippine Annexation: Implications for the Origins of American Imperialism", *The Journal of American History*, Vol. 66, No. 4, pp. 810 – 831.

175. Waltz, Kenneth N. , 2000, "Structural Realism after the Cold War", *International Security*, Vol. 25, No. 1, pp. 5 – 41.

176. Weber, Max, 1949, " 'Objectivity' in Social Science and Social Policy", in *Max Weber: the Methodology of the Social Sciences*, Edward Shils and Henry Finch (trans. & eds.), New York: Free Press.

177. Weber, Paul Jand W. Landis Jones, 1994, *U. S. Religious Interest Groups: Institutional Profiles*, Westport, CT: Greenwood Press.

178. Weinberg, Albert K. , 1963, *Manifest Destiny*: *A Study of Nationalist Expansionism in American History*, Chicago: Quadrangle Books.

179. Williams, Paul, 1951, *What American Believe and How They Worship*, New York: Harper & Row.

180. Williams, William A. , 1959, *The Tragedy of American Diplomacy*, Cleveland: World Publishing Company.

181. Wilson, Woodrow, 1917, "President Woodrow Wilson's War Message to Congress", April 2, http://www. historytools. org/sources/wilson – war – message. pdf; http://wwi. lib. byu. edu/index. php/Wilson´s_ War_ Message_ to_ Congress. html.

182. Wohlforth, William C. , 1999, "The Stability of a Unipolar World", *International Security*, Vol. 24, No. 1, pp. 5 – 41.

183. Wolf, Martin, 2007, "The new capitalism", *Financial Times*, June 20.

184. World Patent Report – A Statistical Review 2008, http://www. wipo. int/ipstats/en/statistics/patents/wipo_ pub_ 931. htm.

185. Zoellick, Robert B. , 2005, "Whither China: From Membership to Responsibility?" Deputy Secretary state Remarks to National Committee on U. S. – China Relations, September 21, New York City, http://www. ncuscr. org/articlesandspeeches/Zoellick. htm.

186. 埃德温·埃默里、麦克尔·埃默里:《美国新闻史——报业与政治、经济和社会潮流的关系》,苏金琥等译,新华出版社 1982 年版。

187. 艾本斯坦:《势利:当代美国上流社会解读》,晓荣、董欣梅译,社会科学文献出版社 2007 年版。

188. 安东尼奥·葛兰西:《狱中札记》,曹雷雨译,中国社会科学出版社

2000 年版。

189. 奥利弗·霍姆斯：《法律的生命在于经验：霍姆斯法学文集》，明辉译，清华大学出版社 2007 年版。

190. 奥利弗·霍姆斯：《普通法》，冉昊、姚中秋译，中国政法大学出版社 2006 年版。

191. 奥斯卡·摩根斯滕：《军事联盟和共同安全》，载戴维·阿布夏尔、理查德·艾伦主编《国家安全：今后十年的政治、军事和经济战略》，柯任远译，世界知识出版社 1965 年版。

192. 爱德华·佩森："美国社会中的地位和阶级"，载卢瑟·利德基主编《美国特性探索》，龙治芳等译，中国社会科学出版社 1991 年版。

193. 埃曼纽·托德：《美帝国的衰落》，李旦等译，世界知识出版社 2003 年版。

194. 埃兹拉·沃格尔（傅高义）主编：《与中国共处：21 世纪的美中关系》，田斌译，新华出版社 1998 年版。

195. 彼·阿尔贝、弗·泰鲁：《世界新闻简史》，许崇山等译，中国新闻出版社 1985 年版。

196. 芭芭拉·埃伦里奇：《穷途末路的美国梦》，严丽川译，中信出版社 2006 年版。

197. 贝科威茨等：《美国对外政策的政治背景》，张禾译，商务印书馆 1979 年版。

198. 伯姆斯塔德：《克林顿的内政外交政策》，《现代外国哲学社会科学文献》1993 年第 2 期。

199. 巴里·布赞：《美国和诸大国：21 世纪的世界政治》，刘永涛译，上海世纪出版集团 2007 年版。

200. 布鲁斯特·丹尼：《从整体考察美国的对外政策》，范守义、秦亚青译，世界知识出版社 1988 年版。

201. 本杰明·卡多佐：《法律的生长》，刘骁军译，贵州人民出版社 2003 年版。

202. 本杰明·卡多佐：《法律科学的悖论》，董炯、彭冰译，中国法制出版社 2002 年版。

203. 本杰明·卡多佐：《司法过程的性质》，苏力译，商务印书馆 1998 年版。

204. 彼得·卡赞斯坦、罗伯特·基欧汉、斯蒂芬·克拉斯纳编：《世界政治理论的探索与争鸣》，秦亚青等译，上海世纪出版集团 2006 年版。

205. 保罗·肯尼迪：《大国的兴衰》，蒋葆英等译，中国经济出版社 1989 年版。

206. 保罗·肯尼迪编：《战争与和平的大战略》，时殷弘、李庆四译，世界知识出版社 2005 年版。

207. 比尔·莫耶斯：《美国心灵：关于这个国家的对话》（贝蒂·弗洛尔斯编），王宝泉等译，生活·读书·新知三联书店 2004 年版。

208. 布拉福德·珀金斯：《共和制帝国的创建（1776—1865）》，载孔华润（沃沦·科恩）主编《剑桥美国对外关系史》第 1 卷，周桂银和杨光海译，新华出版社 2004 年版。

209. 伯纳德·施瓦茨：《美国法律史》，王军等译，中国政法大学出版社 1989 年版。

210. 彼得·沃尔主编：《美国政府内幕——人物与政治》，李洪等译，社会科学文献出版社 1992 年版。

211. 查尔斯·比尔德：《美国宪法的经济观》，何希齐译，商务印书馆 1984

年版。

212. 查尔斯·比尔德：《美国政党斗争史》，自明译，神州国光社 1934 版。

213. 查尔斯·比尔德、玛丽·比尔德：《美国文明的兴起》第 1 卷"农业时代"，许亚芬译，商务印书馆 1991 年版。

214. 查尔斯·波伦：《历史的见证（1929—1969 年）》，刘裘和金胡译，商务印书馆 1975 年版。

215. 陈宝森：《美国经济与政府政策》，社会科学文献出版社 2007 年版。

216. 陈宝森：《美国跨国公司的全球竞争》，社会科学文献出版社 1999 年版。

217. 查尔斯·达尔文：《物种的起源》，周建人等译，商务印书馆 1963 年版。

218. 查理斯·吉斯特：《美国垄断史——帝国的缔造者和他们的敌人》（从杰伊·古尔德到比尔·盖茨），傅浩译，经济科学出版社 2004 年版。

219. 查尔斯·库普乾：《淘空的霸权还是稳定的多级世界》，载约翰·伊肯伯里主编《美国无敌：均势的未来》，韩召颖译，北京大学出版社 2005 年版。

220. 查尔斯·库普乾：《美国时代的终结：美国外交政策与 21 世纪的地缘政治》，潘忠岐译，上海人民出版社 2004 年版。

221. 查尔斯·米尔斯：《白领：美国的中产阶级》，周晓虹译，南京大学出版社 2006 年版。

222. 查尔斯·米尔斯：《权力精英》，王崑、许荣译，南京大学出版社 2004 年版。

223. 查默斯·约翰逊：《帝国的悲哀——黩武主义、保密与共和国的终结》，任晓等译，上海人民出版社 2005 年版。

224. 查默斯·约翰逊：《帝国的警钟——美国共和制的衰亡》，周洁译，生活·读书·新知三联书店2009年版。

225. 查默斯·约翰逊：《反弹——美利坚帝国的代价与后果》，罗原译，生活·读书·新知三联书店2008年版。

226. 戴维·艾克敏：《布什总统的信仰历程》，姚敏、王青山译，社会科学文献出版社2006年版。

227. 丹尼尔·贝尔：《后工业化社会的来临》，高銛译，商务印书馆1986年版。

228. 丹尼尔·贝尔：《意识形态的终结》，张国清译，江苏人民出版社2001年版。

229. 丹尼尔·贝尔：《资本主义文化矛盾》，赵一凡等译，生活·读书·新知三联书店1989年版。

230. 丹尼尔·布尔斯廷：《美国人：建国的历程》，谢廷光等译，上海世纪集团2009年版。

231. 丹尼尔·布尔斯廷：《美国人：民主的历程》，谢廷光译，上海世纪集团2009年版。

232. 丹尼尔·布尔斯廷：《美国人：殖民地历程》，时殷弘等译，上海世纪集团2009年版。

233. 丁一凡：《美国批判——自由帝国扩张的悖论》，北京大学出版社2006年版。

234. 丁则民等：《美国内战与镀金时代：1861—19世纪末》，《美国通史》第三卷，丁则民主编，刘绪贻、杨生茂总主编，人民出版社2008年版。

235. 董秀丽主编：《美国外交的文化阐释》，知识产权出版社2007年版。

236. 斯坦利·恩格尔曼、罗伯特·高尔曼主编：《剑桥美国经济史》第二卷"漫长的 19 世纪"，王珏、李淑清主译，中国人民大学出版社 2008 年版。

237. 斯坦利·恩格尔曼、罗伯特·高尔曼主编：《剑桥美国经济史》第三卷"20 世纪"，蔡挺等主译，中国人民大学出版社 2008 年版。

238. 斯坦利·恩格尔曼、罗伯特·高尔曼主编：《剑桥美国经济史》第一卷"殖民地时期"，巫云仙、邱竞主译，中国人民大学出版社 2008 年版。

239. 戴维·哈伯斯塔姆：《媒介与权势：谁掌管美国?》，尹向泽等译，国际文化出版公司 2006 年版。

240. 黛安娜·拉维奇编：《美国读本：感动过一个国家的文字》，林本椿等译，生活·读书·新知三联书店 1995 年版。

241. 道格拉斯·诺斯：《美国的工业化》，《剑桥欧洲经济史》第六卷"工业革命及其以后的经济发展：收入、人口及技术变迁"，载 H. J. 哈巴库克、M. M. 波斯坦主编，王春法等译，经济科学出版社 2002 年版。

242. 道格拉斯·诺斯：《经济史上的结构与变革》，厉以平译，商务印书馆 1992 年版。

243. 道格拉斯·诺斯、巴里·R. 温格斯特：《宪法与承诺：17 世纪英格兰治理公共选择制度的演进》，李·J. 阿尔斯通、斯拉恩·埃格特森等编《制度变革的经验研究》，罗仲伟译，经济科学出版社 2003 年版。

244. 威廉·恩道尔：《金融海啸：一场新鸦片战争》，顾秀林、陈建明译，世界知识出版社 2009 年版。

245. 恩格斯：《卡尔·马克思》，《马克思恩格斯全集》第 19 卷，中共中央马克思、恩格斯、列宁、斯大林著作编译局编译，人民出版社 1963 年版。

246. 菲利斯·本尼斯：《发号施令：美国是如何控制联合国的》，陈遥遥、张筱春译，新华出版社 1999 年版。

247. 弗雷德·伯格斯坦主编：《美国与世界经济：未来十年美国的对外经济政策》，朱民等译，经济科学出版社 2005 年版。

248. 费尔南·布罗代尔：《长时段：历史和社会学》，《资本主义论丛》，顾良、张慧君译，中央编译出版社 1997 年版。

249. 凡勃伦：《有闲阶级论：关于制度的经济研究》，蔡受百译，商务印书馆 1964 年版。

250. 菲利普·方纳：《美国工人运动史》，黄雨石等译，生活·读书·新知三联书店 1956 年版。

251. 菲利普编·方纳：《华盛顿文选》，王绶昌译，商务印书馆 1960 年版。

252. 弗朗西斯·福山：《历史的终结》，本书翻译组译，远方出版社 1998 年版。

253. 弗朗西斯·福山：《历史的终结及最后之人》，许铭原译，中国社会科学出版社 1993 年版。

254. 弗朗西斯·福山：《美国处在十字路口——民主、权力与新保守主义的遗产》，周琪译，中国社会科学出版社 2008 年版。

255. 傅梦孜：《保守主义思潮涌动下的美国霸权外交》，载任晓、沈丁立主编《保守主义理念与美国的外交政策》，上海三联书店 2003 年版。

256. 弗雷德·马汉：《海权论》，萧伟中、梅然译，中国言实出版社 1997 年版。

257. 弗兰克·奈特：《风险、不确定性与利润》，安佳译，商务印书馆 2006 年版。

258. 弗雷德里克·普赖尔：《美国资本主义的未来》，黄胜强等译，中国社会科学出版社 2004 年版。

259. 法里德·扎卡利亚：《后美国世界：大国崛起的经济新秩序时代》，赵广成、林民旺译，中信出版社 2009 年版。

260. 法利德·扎卡利亚：《从财富到权力》，门洪华、孙英春译，新华出版社 2001 年版。

261. 贡德·弗兰克：《依附性积累与不发达》，高铦、高戈译，译林出版社 1999 年版。

262. 甘阳：《政治哲人施特劳斯：古典保守主义政治哲学的复兴》，列奥·施特劳斯《自然权利与历史》导言，生活·读书·新知三联书店 2006 年版。

263. G. 冈德森：《美国经济史新编》，杨宇光等译，商务印书馆 1994 年版。

264. 高程：《非中性制度与美国经济的"起飞"》，《美国研究》2007 年第 4 期。

265. 高程：《商人集团、私有财产与北美独立战争》，《世界经济与政治》2007 年第 10 期。

266. G. M. 格罗斯曼、E. 赫尔普曼：《利益集团与贸易政策》，李增刚译，中国人民大学出版社 2005 年版。

267. H. U. 福克讷：《美国经济史》，王锟译，商务印书馆 1964 年版。

268. 海茨克：《在华盛顿代表上帝：宗教游说在美国政体中的作用》，徐以骅等译，上海人民出版社 2003 年版。

269. 赫胥黎：《天演论》，严复译，商务印书馆 1981 年版。

270. 洪涛：《"历史终结论"与新保守主义的"激情"》，载任晓、沈丁立主编《保守主义理念与美国的外交政策》，上海三联书店 2003 年版。

271. 胡鞍钢、门洪华主编：《解读美国大战略》，浙江人民出版社 2003

年版。

272. 黄安年：《美国社会经济史论》，山西教育出版社 1993 年版。

273. 黄仁宇：《放宽历史的视界》，生活·读书·新知三联书店 2001 年版。

274. 黄仁宇：《中国大历史》，生活·读书·新知三联书店 1997 年版。

275. 霍布斯：《利维坦》，黎思复、黎廷弼译，商务印书馆 1985 年版。

276. 霍布斯：《论公民》，应星等译，贵州人民出版社 2003 年版。

277. 亨利·基辛格：《大外交》，顾淑馨、林添贵译，海南出版社 1997 年版。

278. 亨利·基辛格：《美国对外政策》，复旦大学资本主义国家经济研究所编译组译，上海人民出版社 1972 年版。

279. 亨利·基辛格：《美国需要外交政策吗?》，胡利平、凌建平译，中国友谊出版社 2003 年版。

280. 霍华德·津恩：《美国人民的历史》，许先春等译，上海人民出版社 2000 年版。

281. 郝伯特·克罗利：《美国生活的希望》，王军英等译，江苏人民出版社 2006 年版。

282. 哈罗德·拉斯韦尔：《政治学——谁得到什么? 何时和如何得到?》，杨昌裕译，商务印书馆 1992 年版。

283. 汉斯·摩根索：《国家间政治》，徐昕等译，中国人民公安大学出版社 1990 年版。

284. H. N. 沙伊贝、H. G. 瓦特、H. U. 福克讷：《近百年美国经济史》，彭松建等译，中国社会科学出版社 1983 年版。

285. 郝伯特·斯宾塞：《社会静力学》，张雄武译，商务印书馆 1996 年版。

286. 郝伯特·斯宾塞：《社会学研究》，张红晖、胡江波译，华夏出版社

2001 年版。

287. 杰里米·阿塔克、彼得·帕塞尔:《新美国经济史:从殖民时期到1940年》,罗涛等译,中国社会科学出版社 2000 年版。

288. J. 波尔:《美国平等的历程》,张聚国译,商务印书馆 2007 年版。

289. 吉尔伯特·菲特、吉姆·里斯:《美国经济史》,司徒淳、方秉铸译,辽宁人民出版社 1981 年版。

290. 吉米·卡特:《保持信心》,裴克安译,世界知识出版社 1986 年版。

291. 吉米·卡特:《我们濒危的价值观:美国道德危机》,汤玉明译,西北大学出版社 2007 年版。

292. 杰里尔·罗赛蒂:《美国对外政策的政治学》,周启朋等译,世界知识出版社 1997 年版。

293. 加里·沃塞曼:《美国政治基础》,陆震纶等译,中国社会科学出版社 1994 年版。

294. 卡尔·波普尔:《开放社会及其敌人》,陆衡等译,中国社会科学出版社 1999 年版。

295. 拉里·杜尼嵩:《西点领导课》,杨钐译,中国社会科学出版社 2005 年版。

296. 卡尔·多伊奇:《国际关系分析》,周启明等译,世界知识出版社 1992 年版。

297. 库尔特·冯内古特:《没有国家的人》,上海世纪出版集团 2006 年版。

298. 肯尼思·华尔兹:《冷战后的结构现实主义》,载约翰·伊肯伯里主编《美国无敌:均势的未来》,韩召颖译,北京大学出版社 2005 年版。

299. 肯尼思·华尔兹:《国际政治理论》,信强译,上海人民出版社 2003 年版。

300. 康德：《永久和平论》，《历史理性批判文集》，何兆武译，商务印书馆 1991 年版。

301. 康马杰：《美国精神》，杨静予等译，光明日报出版社 1988 年版。

302. 柯武刚、史漫飞：《制度经济学：社会秩序与公共政策》，韩朝华译，商务印书馆 2000 年版。

303. 孔华润：《苏联强权时期的美国（1945—1991）》，载孔华润（沃沦·科恩）主编《剑桥美国对外关系史》第 4 卷，王琛译，新华出版社 2004 年版。

304. 卡尔·施米特：《政治的概念》，刘宗坤等译，上海人民出版社 2004 年版。

305. 罗伯特·阿特：《美国大战略》，郭树勇译，北京大学出版社 2005 年版。

306. 罗伯特·艾克斯罗德：《对策中的致胜之道：合作的进化》，吴坚忠译，上海人民出版社 1996 年版。

307. 理查德·波斯纳：《法律的经济分析》，蒋兆康译，中国大百科全书出版社 1992 年版。

308. 罗伯特·布伦纳：《繁荣与泡沫——全球视角中的美国经济》，王生升译，经济科学出版社 2003 年版。

309. I. 戴斯勒：《美国贸易政治》，王恩冕、于少蔚译，中国市场出版社 2006 年版。

310. 路易斯·哈茨：《美国的自由主义传统》，中国社会科学出版社 2003 年版。

311. 理查德·哈斯：《新干涉主义》，殷雄等译，新华出版社 2000 年版。

312. 理查德·霍夫施塔特：《美国政治传统及其缔造者》，崔永禄、王忠和译，商务印书馆 1994 年版。

313. 罗伯特·基欧汉、约瑟夫·奈：《权力与相互依赖》，门洪华译，北京大学出版社 2002 年版。

314. 罗伯特·吉尔平：《国际关系政治经济学》，杨宇光译，经济科学出版社 1989 年版。

315. 罗伯特·吉尔平：《全球政治经济学》，杨宇光和杨炯译，上海人民出版社 2003 年版。

316. 罗伯特·吉尔平：《世界政治中的战争与变革》，武军等译，中国人民大学出版社 1994 年版。

317. 拉明·贾汉贝格鲁编著：《伯林谈话录》，杨祯钦译，译林出版社 2002 年版。

318. 罗伯特·杰维斯：《国际政治中的知觉与错误知觉》，秦亚青译，世界知识出版社 2003 年版。

319. 理查德·克罗卡特：《50 年战争》，王振西主译，新华出版社 2003 年版。

320. 罗伯特·拉什：《美国陆军士官手册》（第 6 版），军事科学院外国军事研究部译，解放军出版社 2003 年版。

321. 李庆余：《第一次重分世界》，南京大学出版社 1991 年版。

322. 李庆余：《美国外交：从孤立主义到全球主义》，南京大学出版社 1991 年版。

323. 李庆余、周桂银等：《美国现代化道路》，人民出版社 1994 年版。

324. 刘军：《通过教育捍卫民主——美国中小学公民教育的国家标准》，《开放时代》2006 年第 6 期。

325. 刘小枫：《刺猬的温顺——伯林和施特劳斯》，载盟盟主编《启示与理性：哲学问题回归或转向?》，中国社会科学出版社 2001 年版。

326. 刘绪贻、韩铁、李存训：《战后美国史：1945—2000》，《美国通史》
第六卷，刘绪贻主编，刘绪贻、杨生茂总主编，人民出版社 2008
年版。

327. 刘绪贻、李存训：《富兰克林·D·罗斯福时代：1929—1945》，载
《美国通史》第五卷，刘绪贻、杨生茂总主编，人民出版社 2008 年版。

328. 刘永涛：《语言、身份建构和美国对外政策话语中的"邪恶论"》，《国
际观察》2005 年第 5 期。

329. 卢瑟·路德克：《构建美国——美国德社会与文化》，王波等译，江苏
人民出版社 2006 年版。

330. 理查德·罗蒂：《筑就我们的国家：20 世纪美国左派思想》，黄宗英
译，生活·读书·新知三联书店 2006 年版。

331. 罗伯特·麦克洛斯基（桑福德·列文森增订）：《美国最高法院》（第
三版），任东来等译，中国政法大学出版社 2005 年版。

332. 罗伯特·麦克纳马拉：《威尔逊的幽灵》，张立平译，世界知识出版社
2004 年版。

333. 罗伯特·麦克纳马拉、詹姆斯·布莱特：《历史的教训——美国国家安
全战略建言书》，张立平译，世界知识出版社 2005 年版。

334. 路易斯·梅南德：《哲学俱乐部——美国观念的故事》，肖凡和鲁帆译，
江苏人民出版社 2006 年版。

335. 罗伯特·蒙代尔：《国际货币：过去、现在和未来》，向松祚译，中国
金融出版社 2003 年版。

336. 莱茵霍尔德·尼布尔：《道德的人与不道德的社会》，蒋庆译，贵州人
民出版社 1998 年版。

337. 理查德·尼克松：《1999 年：不战而胜》，朱佳穗等译，世界知识出版社 1989 年版。

338. 罗伯特·诺齐克：《无政府、国家与乌托邦》，何怀宏等译，中国社会科学出版社 1991 年版。

339. 罗斯科·庞德：《法的任务》，伍守龚译，台北协志工业丛书出版股份有限公司 1960 年版。

340. 罗斯科·庞德：《法律史解释》，邓正来译，中国法制出版社 2002 年版。

341. 罗斯科·庞德：《法律与道德》，陈林林译，中国政法大学出版社 2003 年版。

342. 罗斯科·庞德：《普通法的精神》，唐前宏译，法律出版社 2001 年版。

343. 罗斯科·庞德：《通过法律的社会控制法律的任务》，沈宗灵、董世忠译，商务印书馆 1984 年版。

344. 列奥·施特劳斯：《施米特"政治的概念"评注》，载卡尔·施米特《政治的概念》，刘宗坤等译，上海人民出版社 2004 年版。

345. 列奥·施特劳斯：《霍布斯的政治哲学》，申彤译，译林出版社 2004 年版。

346. 列奥·施特劳斯：《自然权利与历史》，彭刚译，生活·读书·新知三联书店 2006 年第 2 版。

347. 罗伯特·斯基德尔斯基：《凯恩斯传》，相蓝欣、储英译，生活·读书·新知三联书店 2006 年版。

348. 罗伯特·特里芬：《黄金与美元危机——自由兑换的未来》，陈尚霖、雷达译，商务印书馆 1997 年版。

349. 罗伯特·威布：《自治——美国民主的文化史》，李振广译，商务印书馆 2006 年版。

350. 伦纳德·西尔克、马克·西尔克：《美国的权势集团》，金君晖等译，
     商务印书馆 1994 年版。

351. 曼库尔·奥尔森：《国家兴衰探源——经济增长、滞胀与社会僵化》，
     吕应中等译，商务印书馆 1999 年版。

352. 曼库尔·奥尔森：《集体行动的逻辑》，陈郁等译，上海三联书店 1995
     年版。

353. 曼库尔·奥尔森：《权力与繁荣》，苏长和、嵇飞译，上海世纪出版集
     团 2005 年版。

354. 马克·布劳格、罗杰·巴克豪斯：《经济学方法论的新趋势》，张大宝
     等译，经济科学出版社 2000 年版。

355. 米尔顿·弗里德曼：《实证经济学的方法论》，《弗里德曼文萃》，胡雪
     峰、武玉宁译，首都经济贸易大学出版社 2001 年版。

356. 迈克尔·哈特、安东尼奥·奈格里：《帝国——全球化的政治秩序》，
     杨建国、范一亭译，江苏人民出版社 2005 年版。

357. 迈克尔·亨特：《意识形态与美国外交政策》，褚律元译，世界知识出
     版社 1999 年版。

358. 莫顿·霍维茨：《美国法的变迁 1780—1860》，谢鸿飞译，中国政法大
     学出版社 2005 年版。

359. 莫尼卡·克罗利：《不在案的记录：尼克松晚年私人谈话》，中央编译
     出版社 1998 年版。

360. 莫尼卡·克罗利：《冬天里的尼克松》，杨仁敬译，江苏人民出版社
     2000 年版。

361. 米歇尔·克罗齐、绵贯让治、塞缪尔·亨廷顿：《民主的危机》，马殿

军等译，求实出版社 1989 年版。

362. 马克·里拉、罗纳德·德沃金、罗伯特·西尔维斯编：《以赛亚·伯林德的遗产》，刘擎、殷莹译，新星出版社 2006 年版。

363. 默里·罗斯巴德：《美国大萧条》，谢华育译，上海世纪出版集团 2003 年版。

364. 马丁·马蒂：《美国的宗教》，载卢瑟·利德基主编《美国特性探索》，龙治芳等译，中国社会科学出版社 1991 年版。

365. 马丁·沃尔夫：《巨龙之呼吸：中国与世界经济》，《财经》，2007 年 12 月 11 日。

366. 马基雅维里：《君主论》，潘汉典译，商务印书馆 1985 年版。

367. 马克思：《路易·波拿巴的雾月十八》，《马克思恩格斯全集》，第 8 卷，中共中央马克思、恩格斯、列宁、斯大林著作编译局编译，人民出版社 1961 年版。

368. 迈克尔·赫德森：《金融帝国：美国金融霸权的来源和基础》，嵇飞、林小芳译，中央编译出版社 2008 年版。

369. 曼斯菲尔德：《古代与现代：关于施特劳斯政治哲学德几个小问题》，载萌萌主编《启示与理性：从苏格拉底、尼采到施特劳斯》，中国社会科学出版社 2001 年版。

370. 美国国家利益委员会：《美国的国家利益》，载胡鞍钢、门洪华主编《解读美国大战略》，浙江人民出版社 2003 年版。

371. 门洪华：《国际机制与美国霸权》，《美国研究》2001 年第 1 期。

372. 马克斯·韦伯：《新教伦理与资本主义精神》，彭强、黄晓京译，陕西师范大学出版社 2002 年版。

373. 尼古拉斯·盖耶特：《又一个美国世纪吗？——2000 年之后的美国与

世界》，丁郡瑜译，商务印书馆 2005 年版。

374. 诺姆·乔姆斯基：《霸权还是生存：美国对全球统治的追求》，张鲲译，上海译文出版社 2006 年版。

375. 诺姆·乔姆斯基：《反思肯尼迪王朝——肯尼迪、越南战争和美国的政治文化》，童新耕译，上海世纪集团 2006 年版。

376. 诺姆·乔姆斯基、戴维·巴萨米安：《宣传与公共意识》，信强译，上海世纪出版集团 2006 年版。

377. 妮科勒·施莱、莎贝娜·布塞：《美国的战争：一个好战国家的编年史》，陶佩云译，生活·读书·新知三联书店 2006 年版。

378. 皮特·鲍勒：《进化思想史》，田洺译，江西教育出版社 1999 年版。

379. 裴孝贤：《宗教在美国社会中的地位》，《交流》2000 年第 1 期。

380. 乔治·凯南：《美国对外政策的现实》，王殿寰、陈少衡译，世界知识出版社 1958 年版。

381. 乔治·马斯登：《认识美国基要派与福音派》，宋继杰译，中央编译出版社。

382. 钱满素：《美国文明》，中国社会科学出版社 2001 年版。

383. 钱满素：《美国自由主义的历史变迁》，生活·读书·新知三联书店 2006 年版。

384. 乔治·斯蒂格勒：《产业组织与政府管制》，潘振民译，上海三联书店 1996 年版。

385. 乔治·索罗斯：《美国的霸权泡沫——纠正对美国权力的滥用》，燕清等译，商务印书馆 2004 年版。

386. R. G. 哈切森：《白宫中的上帝》，段琦等译，中国社会科学出版社 1992 年版。

387. 任东来：《大国崛起的制度框架和思想传统——以美国为例》，载高全喜主编《大国》第 1 期。

388. 入江昭：《美国的全球化进程（1913—1945）》，载孔华润（沃沦·科恩）主编《剑桥美国对外关系史》第 3 卷，张振江、施茵译，新华出版社 2004 年版。

389. 桑德拉·奥康娜：《法律的尊严：美国最高法院一位大法官的思考》，信春鹰、葛明珍译，法律出版社 2006 年版。

390. 萨克凡·伯克维奇：《惯于赞同：美国象征建构的转化》，钱满素等译，上海译文出版社 2006 年版。

391. 莎蒂亚·德鲁里：《列奥·施特劳斯与美国右派》，刘华等译，华东师范大学出版社 2006 年版。

392. 苏珊·邓恩：《姊妹革命——美国革命与法国革命启示录》，杨小刚译，上海文艺出版社 2003 年版。

393. 塞缪尔·亨廷顿：《变化社会中的政治秩序》，王冠华等译，生活·读书·新知三联书店 1989 年版。

394. 塞缪尔·亨廷顿：《第三波——20 世纪后期民主化浪潮》，刘军宁译，上海三联书店 1998 年版。

395. 塞缪尔·亨廷顿：《失衡的承诺》，周端译，东方出版社 2005 年版。

396. 塞缪尔·亨廷顿：《文明的冲突与世界秩序的重建》，周琪等译，新华出版社 1999 年版。

397. 塞缪尔·亨廷顿：《我们是谁：美国国家特性面临的挑战》，程克雄译，新华出版社 2005 年版。

398. 塞缪尔·亨廷顿、劳伦斯·哈里森：《文化的重要作用——价值观如何影响人类进步》，程克雄译，新华出版社 2002 年版。

399. 斯坦利·库特勒编著：《最高法院与宪法——美国宪法史上重要判例选读》（徐显明主编），朱曾汶、林铮译，商务印书馆 2006 年版。

400. 李道揆：《美国政府和美国政治》，社会科学文献出版社 1990 年版。

401. 李剑鸣：《美国的奠基时代：1585—1775》，《美国通史》第一卷，刘绪贻、杨生茂总主编，人民出版社 2008 年版。

402. 塞缪尔·莫里森等：《美利坚共和国的成长》，上册，南开大学历史系美国史研究室译，天津人民出版社 1980 年版。

403. 沈丁立：《评"新帝国论"及其缺失》，载任晓、沈丁立主编《保守主义理念与美国的外交政策》，上海三联书店 2003 年版。

404. 时殷弘：《尼克松主义》，武汉大学出版社 1984 年版。

405. 时殷弘、陈然然：《论冷战思维》，《世界经济与政治》2001 年第 6 期。

406. 斯蒂芬·斯科夫罗内克：《总统在政治——从约翰·亚当斯到比尔·克林顿德领导艺术》，黄云等译，新华出版社 2003 年版。

407. 斯帕尼尔：《第二次世界大战后美国的外交政策》，段岩石译，商务印书馆 1993 年版。

408. 宋鸿兵编著：《货币战争》，中信出版社 2007 年版。

409. 苏联科学院世界经济和国际关系研究所编：《美国对外政策的动力》，苏联科学院世界经济和国际关系研究所北京编译社译，世界知识出版社 1966 年版。

410. 斯蒂芬·沃尔特：《维持世界的"失衡状态"：自我克制与美国的对外政策》，载约翰·伊肯伯里主编《美国无敌：均势的未来》，韩召颖译，北京大学出版社 2005 年版。

411. 斯蒂芬·沃尔特：《驯服美国权力：对美国首要地位的全球回应》，郭盛、王颖译，上海世纪集团 2008 年版。

412. 托马斯·戴伊：《谁掌管美国？》，梅士、王殿辰译，世界知识出版社1980年版。

413. 唐纳德·怀特：《美国的兴盛与衰落》，徐朝友、胡雨谭译，江苏人民出版社2002年版。

414. 托马斯·杰斐逊：《杰斐逊选集》，朱曾汶译，商务印书馆1999年版。

415. 泰德·纳杰：《美国黑帮：公司强权德扩张和民主制度的衰落》，汪德华、张廷人译，中信出版社2006年版。

416. 托马斯·帕特森等：《美国外交政策》，李庆余译，中国社会科学出版社1989年版。

417. 托马斯·潘恩：《常识》，何实译，华夏出版社2004年版。

418. 塔德·舒尔茨：《昨与今——战后世界的变迁》，中国军事科学院外国军事研究部译，东方出版社1991年版。

419. 谭融：《美国利益集团政治研究》，中国社会科学出版社2002年版。

420. 托马斯·谢林：《冲突的战略》，赵华等译，华夏出版社2006年版。

421. 文森特·奥斯特罗姆：《美国联邦主义》，王建勋译，上海三联书店2003年版。

422. 文森特·奥斯特罗姆、埃莉诺·奥斯特罗姆：《美国地方政府》，井敏、陈幽泓译，北京大学出版社2004年版。

423. 威廉·德格雷格里奥：《美国总统全书》，周凯等译，社会科学文献出版社2007年版。

424. 威廉·多姆霍夫：《谁统治美国：权力、政治和社会变迁》，吕鹏、闻翔译，译林出版社2009年版。

425. 瓦西利斯·福斯卡斯、比伦特·格卡伊：《新美帝国主义：布什的反恐战争和以血换石油》，薛颖译，世界知识出版社2006年版。

426. 威廉·富布莱特：《帝国的代价》，简新芽等译，世界知识出版社 1991 年版。

427. 沃尔特·拉菲伯、理查德·波伦堡、南希·沃洛奇：《美国世纪——一个超级大国的崛起与兴盛》，黄磷译，海南出版社 2008 年版。

428. 沃尔特·拉夫伯：《美国人对机会的寻求（1865—1913）》，载孔华润（沃沦·科恩）主编《剑桥美国对外关系史》第 2 卷，石赋、刘飞涛译，新华出版社 2004 年版。

429. W. W. 罗斯托：《经济增长阶段理论：非共产党宣言》，郭熙保、王松茂译，中国社会科学出版社 2001 年版。

430. 威廉·曼彻斯特：《光荣与梦想：1932—1972 年》，朱协译，商务印书馆 1980 年版。

431. 沃尔特·米德：《美国外交政策及其如何影响了世界》，曹化银译，中信出版社 2003 年版。

432. 威廉森·默里、麦各雷戈、阿尔文·伯恩斯坦编：《缔造战略：统治者、国家和战争》，时殷弘等译，世界知识出版社 2004 年版。

433. 沃浓·帕灵顿：《美国思想史》，陈永国等译，吉林人民出版社 2002 年版。

434. 维克托·佩洛：《美国金融帝国》，玖仁译，世界知识出版社 1958 年版。

435. 维·佩特鲁森科：《垄断报刊》，高志华等译，新华出版社 1981 年版。

436. 维也纳·桑巴特：《为什么美国没有社会主义》，赖海榕译，社会科学文献出版社 2003 年版。

437. 汪熙编：《美国国会与美国外交决策》，复旦大学出版社 1990 年版。

438. 王公龙：《现实主义与保守主义》，载任晓、沈丁立主编《现实主义与美国的外交政策》，上海三联书店 2004 年版。

439. 王缉思：《美国霸权的逻辑》，《美国研究》2003 年第 3 期。

440. 王缉思：《美国外交思想传统与对华政策》，载中国社会科学院美国研究所、中华美国学会编《中美关系十年》，商务印书馆 1989 年版。

441. 王缉思主编：《高处不胜寒：冷战后美国的全球战略和世界地位》，世界知识出版社 1999 年版。

442. 王希：《原则与妥协：美国宪法的精神与实践》，北京大学出版社 2000 年版。

443. 王晓德：《梦想与现实》，中国社会科学出版社 1995 年版。

444. 王义桅：《自由主义国际关系理论的美国根源与表现形式》，载任晓、沈丁立主编《自由主义与美国外交政策》，上海三联书店 2005 年版。

445. 王友伦等：《美国的独立和初步繁荣：1775—1860》，载王友伦主编、刘绪贻和杨生茂总主编《美国通史》第二卷，人民出版社 2008 年版。

446. 韦宗友：《现实主义对小布什政府外交政策的影响及其限度》，载任晓、沈丁立主编《现实主义与美国的外交政策》，上海三联书店 2004 年版。

447. 维尔：《美国政治》，王合等译，商务印书馆 1981 年版。

448. 沃尔特·琼斯：《政治科学》，林震译，宁骚校，华夏出版社 2001 年版。

449. 吴昊：《美国战略思维中的"使命观"》，《国际政治研究》1998 年第 2 期。

450. 威廉·詹姆斯：《实用主义》，陈羽纶、孙瑞禾译，商务印书馆 1979 年版。

451. 西摩·李普塞特：《一致与冲突》，张华青译，上海人民出版社 1995 年版。

452. 西斯尔思韦特：《1794—1828 年的美国与旧世界》，《新编剑桥世界近代史》第 9 卷"动乱年代的战争与和平 1793—1830"，C. W. 克劳利编，中国社会科学院世界历史研究所组译，中国社会科学出版社 1999年版。

453. 修昔底德：《伯罗奔尼撒战争史》，谢德风译，商务印书馆 1960 年版。

454. 徐世澄：《美国和拉丁美洲关系史》，社会科学文献出版社 2007 年版。

455. 徐以骅主编：《宗教与美国社会 1——美国宗教的"路线图"》，时事出版社 2004 年版。

456. 徐以骅主编：《宗教与美国社会 2——多元一体的美国宗教》，时事出版社 2004 年版。

457. 徐以骅主编：《宗教与美国社会 3——网络时代的宗教》，时事出版社 2005 年版。

458. 徐以骅主编：《宗教与美国社会 4——宗教与国际关系》，时事出版社 2007 年版。

459. 约瑟夫·埃利斯：《那一代：可敬的开国元勋》，邓海平、邓友平译，中国社会科学出版社 2003 年版。

460. 伊多·奥伦：《美国和美国的敌人——美国的对手与美国政治学的形成》，唐小松、王义桅译，上海人民出版社 2004 年版。

461. 以赛亚·伯林：《民族主义：往昔的被忽视与今日的威力》，《反潮流：观念史论文集》，冯克利译，译林出版社 2003 年版。

462. 以赛亚·伯林：《自由论》，胡传胜译，译林出版社 2003 年版。

463. 瑞克·布鲁格：《南方纪事》，王聪译，华夏出版社 2005 年版。

464. 伊恩·布鲁马：《褪色的亲美情结》，《环球视野》，2005 年 1 月 11 日。

465. 约翰·杜威：《杜威文选》，涂纪亮译，社会科学文献出版社 2006

年版。

466. 约翰·杜威：《经验与自然》，付统先译，商务印书馆 1960 年版。

467. 约翰·杜威：《哲学的改造》，许崇清译，商务印书馆 1958 年版。

468. 约翰·戈登：《财富的帝国》，董宜坤译，中信出版社 2007 年版。

469. 约翰·戈登： 《伟大的博弈——华尔街金融帝国的崛起（1653—2004）》，祁斌译，中信出版社 2005 年版。

470. 亚历山大·汉密尔顿、约翰·杰伊、詹姆斯·麦迪逊：《联邦党人文集》，程逢如等译，商务印书馆 1980 年版。

471. 约翰·加迪斯：《遏制战略：战后美国国家安全政策评析》，时殷弘等译，世界知识出版社 2005 年版。

472. 约翰·加尔布雷斯：《我们时代的生活——加尔布雷斯回忆录》，祁阿红等译，江苏人民出版社 1999 年版。

473. 约翰·米尔斯海默：《大国政治的悲剧》，王义桅、唐小松译，上海人民出版社 2003 年版。

474. 约瑟夫·奈：《软力量——世界政坛成功之道》，吴晓辉、钱程译，东方出版社 2005 年版。

475. 约瑟夫·奈：《硬权力与软权力》，门洪华译，北京大学出版社 2005 年版。

476. 约翰·史斑厄尔：《当代美国外交史》，方海莺译，台北桂冠图书公司 1986 年版。

477. 亚历克西·托克维尔：《旧制度与大革命》，冯棠译，商务印书馆 1992 年版。

478. 亚历克西·托克维尔：《论美国的民主》，董果良译，商务印书馆 1988 年版。

479. 伊曼纽尔·沃勒斯坦:《美国实力的衰落》，谭荣根译，社会科学文献出版社 2007 年版。

480. 伊曼纽尔·沃勒斯坦:《现代世界体系》，第 1—3 卷，庞卓恒等译，高等教育出版社 1998、2000 年版。

481. 约翰·希克斯:《经济史理论》，厉以平译，商务印书馆 1987 年版。

482. 约瑟夫·熊彼特:《经济分析史》第 1 卷，朱泱等译，商务印书馆 1991 年版。

483. 阎学通:《西方人看中国的崛起》，《现代国际关系》1996 年第 9 期。

484. 杨文静:《大国崛起理论探析》，《现代国际关系》2004 年第 6 期。

485. 姚枝仲:《美国的贸易逆差问题》，《世界经济》2003 年第 3 期。

486. 约翰·伊肯伯里:《导论》，载约翰·伊肯伯里主编《美国无敌:均势的未来》，韩召颖译，北京大学出版社 2005 年版。

487. 约翰·伊肯伯里:《民主、制度与美国的自我克制》，载约翰·伊肯伯里主编《美国无敌:均势的未来》，韩召颖译，北京大学出版社 2005 年版。

488. 约翰·伊肯伯里:《以美国为主导的单极世界:继续存在与衰落的原因》，载约翰·伊肯伯里主编《美国无敌:均势的未来》，韩召颖译，北京大学出版社 2005 年版。

489. 余志森等:《崛起和扩张的年代:1898—1929》，余志森主编，刘绪贻、杨生茂总主编《美国通史》第四卷，人民出版社 2008 年版。

490. 于歌:《美国的本质:基督新教支配的国家和外交》，当代中国出版社 2006 年版。

491. 约瑟夫·约菲:《对历史与理论的挑战:作为"最后超级大国"的美国》，载约翰·伊肯伯里主编《美国无敌:均势的未来》，韩召颖译，北京大学出版社 2005 年版。

492. 约瑟夫·熊彼特：《资本主义、社会主义与民主》，吴良健译，商务印书馆 1979 年版。

493. 詹姆斯·伯恩斯等：《民治政府》，陆震纶等译，中国社会科学出版社 1996 年版。

494. 詹姆斯·布坎南、戈登·塔洛克：《同意的计算：立宪民主的逻辑基础》，陈光金译，中国社会科学出版社 2000 年版。

495. 詹姆斯·布坎南、罗杰·康格尔顿：《原则政治，而非利益政治——通向非歧视性民主》，社会科学文献出版社 2004 年版。

496. 兹比格涅夫·布热金斯基：《大抉择：美国站在十字路口》，王振西译，新华出版社 2005 年版。

497. 兹比格涅夫·布热金斯基：《大棋局：美国的首要地位及其地缘战略》，中国国际问题研究所译，上海世纪出版集团 2007 年版。

498. 兹比格涅夫·布热津斯基：《实力与原则：1977—1981 年国家安全顾问回忆录》，邱应觉等译，世界知识出版社 1985 年版。

499. 詹姆斯·赫斯特：《美国史上的市场与法律：各利益间的不同交易方式》，郑达轩等译，法律出版社 2006 年版。

500. 詹姆士·罗伯逊：《美国神话美国现实》，贾秀东等译，中国社会科学出版社 1990 年版。

501. 詹姆斯·施勒辛格：《对外援助和对外贸易的战略优势》，戴维·阿布夏尔、理查德·艾伦主编《国家安全：今后十年的政治、军事和经济战略》，柯任远译，世界知识出版社 1965 年版。

502. 詹姆斯·麦迪逊：《辩论：美国制宪会议记录》（上下册），尹宣译，辽宁教育出版社 2003 年版。

503. 詹宁斯、瓦茨修订：《奥本海国际法》，王铁崖等译，中国大百科全书出版社 1995 年版。

504. 张建新：《权力与经济增长——美国贸易政策的国际政治经济学》，上海人民出版社 2006 年版。

505. 张立平：《20 世纪威尔逊主义的梦想与幻灭》，载任晓、沈丁立主编《自由主义与美国外交政策》，上海三联书店 2005 年版。

506. 张立平：《美国政党与选举政治》，中国社会科学出版社 2002 年版。

507. 张铭：《宗教文化与美国外交中的道德理想主义》，载任晓、沈丁立主编《保守主义理念与美国的外交政策》，上海三联书店 2003 年版。

508. 张千帆编译：《哈佛法律评论·宪法学精粹》，法律出版社 2005 年版。

509. 张爽：《美国民族主义——影响国家安全战略的思想根源》，世界知识出版社 2006 年版。

510. 张顺洪、孟庆龙、毕健康：《英美新殖民主义》，社会科学文献出版社 2007 年版。

511. 张铁军：《威尔逊主义与美国战略文化》，载任晓、沈丁立主编《自由主义与美国外交政策》，上海三联书店 2005 年版。

512. 张友伦：《美国西进运动探要》，人民出版社 2005 年版。

513. 张宇燕：《管制与自由的辩证法》，《人民日报》，2003 年 6 月 13 日。

514. 张宇燕：《利益集团与制度非中性》，《改革》1994 年第 2 期。

515. 张宇燕：《美国宪法的经济学含义》，《社会科学战线》1996 年第 4 期。

516. 张宇燕：《美元化：现实、理论及政策含义》，《世界经济》1999 年第 9 期。

517. 张宇燕：《透过美国看当今世界》，《国际经济评论》1996 年第 1 期。

518. 张宇燕：《经济发展与制度选择》，中国人民大学出版社 1992 年版。

519. 张宇燕等：《当代美国的腐败》，《国际经济评论》2006 年第 6 期。

520. 张宇燕等：《美国历史上的腐败与反腐败》，《国际经济评论》2005 年第 3 期。

521. 张宇燕等：《全球化与中国发展》，社会科学文献出版社 2007 年版。

522. 张宇燕、高程：《海外白银、初始制度条件与东方世界的停滞——关于晚明中国何以"错过"经济起飞历史机遇的猜想》，《经济学季刊》2005 年第 4 卷第 2 期。

523. 张宇燕、高程：《阶级分析、产权保护与经济增长》，《经济学季刊》2006 年第 6 卷第 1 期。

524. 张宇燕、高程：《美洲金银和西方世界的兴起》，中信出版社 2004 年版。

525. 张宇燕、李增刚：《国际经济政治学》，上海人民出版社 2008 年版。

526. 张宇燕、席涛：《监管型市场与政府管制：美国政府管制制度演变分析》，《世界经济》2003 年第 5 期。

527. 张宇燕、张静春：《货币的性质与人民币的未来选择——兼论亚洲货币合作》，《当代亚太》2008 年第 2 期。

528. 赵可金：《挑战与修正：自由主义与美国外交政策的走向》，载任晓、沈丁立主编《自由主义与美国外交政策》，上海三联书店 2005 年版。

529. 赵一凡编：《美国的历史文献》，蒲隆等译，三联书店 1989 年版。

530. 郑启梅编译：《美国总统就职演说集》，武汉测绘科技大学出版社 1991 年版。

531. 郑羽、张宇燕：《找出美国霸权的弱点》，《环球时报》，2001 年 3 月 9 日。

532. 周琪：《美国人权外交政策》，上海人民出版社 2002 年版。

533. 周琪主编：《国会与美国外交政策》，上海社会科学院出版社 2006 年版。

534. 周琪主编：《意识形态与美国外交》，上海人民出版社 2006 年版。

535. 朱峰：《人权与国际关系》，北京大学出版社 2000 年版。

536. 资中筠：《追根溯源——战后美国对华政策的缘起与发展》，社会科学文献出版社 2007 年版。

537. 资中筠主编：《战后美国外交史——从杜鲁门到里根》，世界知识出版社 1994 年版。

538. 祖波克：《美国史纲：1877—1918》，庚声译，生活·读书·新知三联书店 1972 年版。

后　记

　　读者手中的这本《美国行为的根源》，是根据我们十年前连续发表在《国际经济评论》杂志上的三篇论文而写成的。那三篇文章分别讨论了美国的宗教情结、商业理念、集团政治。后来《21世纪经济报道》还分期连载了本书的主要章节。文章发表后我们陆续听到一些鼓励性反馈，它们当中既有肯定的评论，也有建设性的批评，其中还夹杂着一条带有普遍性的建议，那就是将来把三篇文章统一扩充而出一本书。在接下来的一年多时间里，添加文献以支撑主要逻辑结构成为我们的主攻方向，同时我们也对内容进行了一些拓展，特别是在宗教情结、商业理念、集团政治三位一体的行为模式上，增添了讨论美国"价值诉求—现实利益"二元目标和对外政策实施等内容。书的初稿于2008年大致完成，规模也达到了十七八万字。

我们原打算集中一段时间对书稿进行修改后付梓。但一方面由于本书的基本内容已经以论文或报刊连载的形式发表，另一方面由于总是被其他工作干扰，或许更重要的是感觉尚有较大改进空间，因此书稿的修改工作就搁置下来，而且一放就是七年。在这期间，我们各自都承担了许多授课讲座任务，而美国又是一个绕不过去的国家，讲美国或中美关系自然免不了提到这部初稿。一个意料之外的结果是，最近不断有朋友、同事、学生表示希望读到我们对美国较为系统完整的讨论。促使我们在不做全面修改的情况下出版此书的删节版，还有几个现实原因：其一是美国对外战略最近一个时期发生了很大转变，尤其是中美关系正在进入一个全新的历史阶段，人们对美国的关注度大幅度上升；其二是时至今日，尽管美国对外政策调整明显，但我们认为我们对美国行为基本模式的分析仍旧有效，它对美国外交政策的变化依然有一定的解释力和预测价值；其三是我们也想用原汁原味的文字展示七年前的认知水平，尽管今天回过头来看我们对有些问题的理解已经更为深入和全面。

我们长期以来抱有一个理念或目标，那就是找出纷繁复杂世界中某一特定领域内的主要变量，并通过搭建这些变量之间的逻辑架构来方便地理解和把握这个世界。我们提炼出来三个主要变量，即宗教情结、商业理念和集团政治，以及它们之间的关系，共同组成了我们观察美国的基本切入点。毋庸置疑，已经作为世界头号大国数十年的美国，其内政外交的复杂性远非几个主要变量能够完全概括。最准确的地图应该是一比一的地图，但这样的地图对我们帮助甚微，因为地图的价值就在于它在有限的空间内提供了我们所需要的信息，而做到这一点的关键在于删繁就简。也许有人会问为什么是这三个变量而不是那三个变量。这种质问是有道理的。我们十分清楚，从其他角度观察美国也会看到许多新现象或得出不同结论。但本书的架构，则反映了我们的认知和偏好。对于不同的架构，我们持完全开放的态度。

写作此书对我们而言是一个挑战，毕竟我们不是美国学研究的专业学者。我们深知，仅仅拥有美国经济和国际政治经济学知识背景，恐怕还不足具备迎接这类挑战的条件。但正如经常发生的那样，挑战的到来并不顾及迎接挑战的准备是否充分。越来越多的人相信，决定世界的今天和明天状况与走势的国家，主要是美国与中国以及它们之间的关系。能够阻止或迟滞中华文明历史复兴的国家只有美国。作为中国学者，我们抵御不住

"美国行为的根源"这类迷人问题诱惑，同时我们也有责任对"我们的主要竞争或合作的对手或伙伴究竟是一些什么人"这样的问题给出哪怕是值得进一步商榷的答案。如果本书能够起到引发思考、激起辩论的功效，我们就心满意足了。对于各种批评意见，我们的欢迎是真诚的。

张宇燕　高程

2015 年 7 月